결국, 좋은 사람이 성공한다

결국, 좋은 사람이 성공한다

지은이 민병철
펴낸이 안용백
펴낸곳 (주)넥서스

초판 1쇄 발행 2015년 6월 10일
초판 4쇄 발행 2016년 4월 20일

출판신고 1992년 4월 3일 제311-2002-2호
04044 서울시 마포구 양화로 8길 24
Tel (02)330-5500 Fax (02)330-5555

ISBN 979-11-5752-384-9 03040

www.nexusbook.com
넥서스BOOKS는 (주)넥서스의 실용 전문 브랜드입니다.

결국, 좋은 사람이 성공한다

민병철 지음

넥서스BOOKS

인성이 성공을 부른다

나는 매 학기마다 내 강의의 오리엔테이션에 들어온 학생들에게 내가 CNN의 크리스티 루 스타우트(Kristie Lu Stout)와 가졌던 생방송 인터뷰 영상을 보여 준다. 그리고 학생들에게 "이 자리에 있는 학생 누구든지 CNN에 출연할 수 있습니다. 어떻게 하면 CNN에 출연할 수 있을까요?"라고 질문을 던진다. 학생들은 "영어를 잘해야 가능하다", "국제적 이슈가 있어야 한다" 등 갖가지 의견을 내놓는다. 학생들의 대답에 나는 이렇게 말한다.

"첫째, 다른 사람이 생각하지 못하는 창의로운 아이디어를 가져야 하고, 둘째, 이 아이디어는 내가 아닌 다른 사람들을 위한 것이어야 한다. 그러면 누구나 CNN에 나올 수 있다고 말한다. 그렇다. 창의적인 콘텐츠를 만들어 내고, 그것이 내가 아닌 사회를 위한 것이라면 CNN 뿐 아니라 모든 언론에서 앞다투어 다루려 할 것이다.

나는 현재 대학에서 경영학부 학생들을 대상으로 '나만의 창의적 콘텐츠 만들기(creating my own content)'와 '효과적으로 발표하는 법 (effective presentation)'을 강의하고 있다. 이 학생들이 졸업 후 첫 번째 관문인 글로벌 기업에 취업하기 위해서는 면접자에게 자신이 가지고 있는 업무 수행 능력을 설명하고(to inform), 설득(to persuade)하고, 감동(to inspire)을 얻어 내는 발표(to present)를 성공적으로 해내야만 한다. 이것은 남학생이 여학생과 처음 데이트를 할 때 하는 행동과 조금도 다를 바가 없는 아주 단순한 과정이다. 첫 대면하는 15초 동안 상대에게 강력한 인상을 심어 주어야 이후에 만남이 이루어질 수 있듯이, 취업을 하기 위해서는 우선 확실한 콘텐츠로 상대방을 설득시키고 감동을 주어야 한다.

내 수업에서 모든 학생은 세상에 존재하지 않는 가상 회사(virtual company)를 만들어야 한다. 이 회사는 실제의 회사가 아니기 때문에 돈이 들어가지 않는다.

다음 단계로 학생들은 이 가상 회사의 제품을 스마트폰 앱으로 만드는 제안서를 제출한다. 나는 이 과정에서 학생들에게 기업체나 공공기관을 연결시켜 주고, 학생들은 해당 기관을 찾아가 실제로 미팅을 하며, 자신들의 제안서에 대해 설명하는 시간을 갖는다. 그 기관의 평가에 합격하여 그곳에서 앱을 개발하게 하는 것이 수업의 최종 목표이다. 이 과정을 통해 학생들은 자신들의 아이디어와 현실과의 거리를 좁힐 수 있고, 실제로 기업체 등의 종사자들과의 네트워킹을 할 수 있다. 그야말로 일석삼조의 수업이다.

내 강의는 우리나라 학생들을 포함해서 미국, 중국, 독일, 프랑스 등 각국의 학생들이 듣고 있고, 수업은 영어로만 진행한다. 내가 이런 수업을 하는 이유는 간단하다. 나만의 경쟁력을 갖기 위해서이다.

실용 영어 교육 전문가인 내가 대학에서 영어를 가르치면 경쟁력이 떨어진다. 원어로 영어 강의를 할 수 있는 사람은 나 말고도 수두룩하다. 그래서 생각해 낸 것이 다른 강의실에서 볼 수 없는 나만의 독특한 강의를 개발하는 것이었다(세상의 대학을 찾아보면 유사한 강좌가 있을 수 있으나, 적어도 내가 아는 범위에서는 독특한 강의이다.).

요즘 대기업에서는 어떤 인재를 선발할까? 더 이상 일류 대학 출신자나, 토익 고득점자를 원하지 않는다. 이름과 연락처 등 기본 사항만을 바탕으로 면접과 미션 수행 등을 거쳐 직무 능력이 있는지를 판단하고 자신만의 창의적인 콘텐츠를 만들어 낼 수 있는 '스펙을 뛰어넘는 창의적 인재'를 채용한다.

기업에서 인재를 채용할 때 또 한 가지 중요하게 보는 것이 있다. 아마 이것이 가장 중요할 것이다. 바로 지원자가 좋은 인성을 갖추었는가이다. 당신이 사장이 되어 직원을 뽑는다면 어떤 사람을 선택할 것인가? 지금 당신이 면접하고 있는 지원자가 업무 수행 능력이 뛰어나고, 창의성이 매우 높은데, 인성이 좋지 않아 나중에 회사에 해를 끼칠 것 같다면 아마 당신은 그 사람을 뽑지 않을 것이다.

당신이 취업하고 싶어 하는 기업도 마찬가지이다. 만일 당신이 업무 능력은 물론, 창의력을 갖추고, 착하기까지 하다면 회사는 당장 당신을 선택할 것이다.

과거 어느 대기업의 회장이 사원을 면접할 때 관상가를 곁에 두고, 그 사람을 채용하면 회사에 도움이 될지 해가 될지를 물어보았다는 유명한 일화가 있다. 실력도 실력이지만 착한 인재를 뽑아야 하는데 오죽 답답했으면 이런 과정을 거쳤을지 짐작이 간다.

일류 대학을 나와 초일류 기업에서 근무하는 사람이 자신이 몸담고 있는 회사의 중요한 핵심 기술이나 정보를 다른 나라에 빼돌려 억대 이익을 챙겼다는 사건들이 심심치 않게 보도되고 있다. 이것은 지금 우리나라가 윤리·도덕에 반하는 행위라도 물불을 가리지 않는, 인성이 파괴된 사회가 되어 가고 있음을 반증하는 것이다. 이에 기업들은 미연의 사태를 방지하고자 인성이 좋은 인재 발굴에 본격적으로 나서기 시작했다.

만일 자신이 착한 인성을 지닌 사람이라는 것을 증명할 수 있다면 학생들은 대학 입시에서 가산점을 받을 수 있고 취업 희망자들에게는 취업을 할 수 있는 결정적 요인으로 작용할 수 있다. 직장인과 사업가들에게는 상대방으로부터 두터운 신임을 얻게 되어 곧바로 성공과 연결될 수도 있다.

착한 인성은 성공이다.

나는 이 책에서 내가 대학의 한 강의실에서 제자들과 함께 세상에서 최초로 시작한 인성교육인 선플 달기 운동이 청소년들의 인성을 어떻게 변화시키고 있는지, 그로 인해 주위 사람들에게 어떤 영향을 끼치는지를 이야기하고자 한다. 그리고 한국에서 태동된 인터넷상의 선플 문화운동이 이웃 나라 중국에 어떻게 소개되고 있는지를 말하고자 한다.

　나는 이 책이 독자들에게 자신의 삶을 더욱 보람차고 향기 나는 삶을 만들어 가는 데 도움이 되기를 진심으로 바란다.

향기 나는 아침에

민병철

사회가 변하면 개인이 변하고, 개인이 변하면 사회가 변한다.

인성이 좋은 개인으로 이뤄진 사회!

바로 그것이 우리가 원하는 안전하고 행복한 사회이다.

1장

왜 인성인가

왜 인성이 화두인가

사회의 주춧돌이자 핵심 가치, 인성

2014년 말, 대한민국을 뜨겁게 달군 화제의 단어는 '갑질'이었다. 그리고 이 단어는 국민 모두를 '인성'에 주목하게 했다. 당연한 귀결이다. 아직까지 우리에게는 인성을 뛰어넘을 수 있는 개념이 없기 때문이다. 계약서상의 용어로만 생각하던 '갑'과 '을'이 커다란 사회적이슈를 일컫는 표제어가 되었다. 사회의 적지 않은 갑이 을에게 부당한 대우를 일삼았다고 알려지면서 우리 사회는 더더욱 멍들었다. 그래서 나는 한 항공사 부사장이 승무원의 서비스를 문제 삼아 폭언을일삼고 급기야 항공기를 유턴시킨 이른바 '땅콩회항 사건'은 안타깝지만 우리 사회가 인성에 대해 돌아볼 수 있는 좋은 계기가 되었다고 생각한다.

선플운동을 하면서 인성이 어떻게 사회를 바꿀 수 있는지 확인한 나는 그 시기에 〈조선일보〉에 '인성교육, 경제 효과까지 있다'라는 제목으로 컬럼을 실었다.

식당에서 한 어린아이가 뛰어다니면서 큰 소리로 소란을 피우더니 심지어 말리는 종업원에게 욕을 해댔다. 그런데도 아이의 엄마는 아무렇지도 않다는 듯 묵묵히 식사를 했다. 이 아이의 버릇을 고쳐 주지 않는다면 나중에 커서 어떤 사람이 될지 바로 짐작할 수 있었다. 속담에 '세 살 버릇 여든 간다'라는 말이 있다. 아이에게 인성교육을 제대로 시키지 않고 점수 위주의 교육만을 강요한다면 아이는 나중에 자신만 아는 이기적인 사람으로 성장할 가능성이 높다.

외국 유학까지 다녀온 아들이 돈을 주지 않는다고 부모에게 위해를 가하고, 승무원의 서비스가 불만이라며 여객기를 회항시키고, 일류 기업에 근무하는 고학력 출신의 직원이 자신이 다니는 회사 제품의 핵심 설계도를 빼돌려 해외 경쟁 업체에 억대의 금품을 받고 팔아 넘겼다는 기사 등은 우리 사회가 인성교육을 등한시한 데 따른 결과이다. 한 경제 연구소 발표에 의하면 우리 사회에서 발생하는 1년간 갈등 비용이 국가의 1년 예산에 육박하는 300조 원에 이른다고 한다. 단지 자신의 생각과 다르다는 이유로 상대에게 지속적으로 딴지를 걸고 자신이 속한 단체 안에서 타협을 외면한 채 비방하고 투쟁만 일삼는 것은 조직 구성원 모두에게 막대한 피해를 가져다준다.

2013년에 대한상공회의소에서 매출 상위 국내 100대 기업의 인재상을 분석한 보고서에 따르면 대부분의 기업이 인성과 도덕성을 우선 가치로 꼽는 것으로 나타났다. 이제야 기업들이 기존의 직무 능력 위주의 인재 선발에서 벗어나 인성과 사회성을 갖춘 인재 등용으로 눈을 돌리기 시작한 것 같아 반갑다. 청소년에 대한 확실한 인성교육 방안은 인성교육 강화에 초점을 맞춘 수능 문제를 출제하고, 대학 입학사정관이 인성과 사회성이 뛰어난 학생들에게 가산점을 주는 제도를 입시에 반영하는 것이다.

악플 추방을 위한 선플 달기 운동을 전개한 이후 학교 폭력이 50% 이상이 감소되었다는 울산교육청의 발표는 시사하는 바가 크다. 선한 언어 습관이 욕설과 말다툼을 줄이고 학교 폭력 감소로까지 이어졌으니 이는 학교 폭력으로 인해 지불해야 할 비용을 줄이는 경제적 효과까지 얻은 좋은 사례이다. 막대한 사회 갈등 비용을 줄이는 가장 효율적인 방법은 '인성교육'에 있다. 2015년 새해에는 인성교육을 위한 정부의 과감한 정책을 기대해 본다.

이 컬럼이 게재된 뒤에 많은 전화를 받았다. 깊은 동감을 표한다는 얘기가 가장 많았다.

예로부터 동방예의지국이라 불리며 예와 효를 중시하던 우리나라가 이제는 인성의 시험대 위에 올랐다. 많은 이들이 이러한 문제의 원인을 인성교육의 부재에서 찾고 있다. 지금 우리 사회에서 벌어지는 적지 않은 문제가 개인의 비양심적이고, 상식적으로 이해할 수 없는 행동 때문에 일어나고 있다. 개개인의 몰지각한 행동들이 우리 사회를 전체적으로 답답하고 암울하고 힘들게 만들고 있다.

인성은 발전된 모습을 보여 주는 사회의 가장 튼튼한 주춧돌이다. 또한 쉬지 않고 진화하는 사회의 핵심 가치이기도 하다.

우리의 훌륭한 인성을 다시 깨울 때

우리 사회는 다른 나라와 비교해 특수한 역사를 관통해 왔다. 불과 70년 전에 부당한 억압으로부터 독립을 쟁취했고 60여 년 전에 폐허가 된 도시에서부터 오늘을 만들었다. 그것은 아주 오래전의 이야기가 아니다.

최근에 1,000만 관객이 관람해 화제를 모은 영화 〈국제시장〉을 보고 자신이 경험한 그날들을 얘기하는 분들이 여전히 함께 숨을 쉴 정도로 이 사회는 빠르게 발전했고 가파르게 성장했다. 대한민국의 오늘은 전쟁을 겪은 민족이라고 믿을 수 없을 만큼 눈부시다. 2014년 기준 OECD 국가 중·고등교육, 대학 진학률 1위이며, 같은 해 기준 GDP 세계 13위이다. 올림픽과 월드컵을 성공적으로 치렀고 현재 세계적 문화의 흐름인 한류의 나라이기도 하다. 삶의 터전이 파괴되고 가족을 잃고 굶어 죽거나 얼어 죽는 이웃을 일상에서 봐야 했던 그 민족이 100년이 지나기도 전에 이뤄 낸 대단한 쾌거이다.

얻은 것이 있으면 잃은 것도 있는 법. '빨리빨리'를 외치고 '더 많이', '더 높게', '더 훌륭하게'를 빨리 이룩해야만 했던 대한민국이 그 사이에 놓치고 만 것이 생겨났다. 바로 인성이다.

조용하고 기품 있고 순하고 따뜻했던 민족이 전쟁의 참상에서 벗어나 선진국으로 빠르게 안착하는 동안 어쩔 수 없이 생겨난 부작용인 것이다.

그러나 우리에게는 희망이 있다. 우리는 재빨리 문제를 인식했고 해법을 찾았다. 우리에게 있었던 훌륭한 인성을 다시 깨우면 되는 시점에 서 있다.

인성이 주제가 되는 사회는 건강하지 못하다. 그러나 미래는 밝다. 나아질 충분한 가능성이 있음을 의미하기 때문이다.

인성은 곧 사회이자 문화이다

인성은 바른 교육에서부터

인성은 사회를 만들고 문화를 바꾼다. 인성이 중요한 사회와 그렇지 않은 사회의 분위기는 같을 수 없다. 성과가 적게 나더라도, 결과가 늦게 이뤄지더라도 인성 위주의 결정을 내리고 사회 구성원 모두 그 결정에 자연스럽게 따른다.

사회는 조급하지 않고 마찰이 적으며 모두 공평하다는 생각에 편안히 흘러간다. 모두 자신의 일에 에너지를 집중할 수 있고 갈등 비용으로 불필요한 재화가 소진되지 않는다. 격려와 칭찬, 응원이 오가며 구성원 간에 결속력을 강화시킨다. 인성 위주의 사회의 청사진이 바로 이것이다.

우리는 일찌감치 복지 국가를 표방해 함께 어려움을 겪고 이제는 국민 모두가 편안하게 지낼 수 있게 만든 북유럽의 문화와 경제, 사회에 관해 많은 관심을 기울이고 있다. 요즈음 복지와 국민 행복이 거론될 때마다 북유럽 국가들이 언급된다. 나도 관련 책을 많이 찾아 읽는 편인데 인상적인 것들이 꽤 있었다.

핀란드의 주택에는 때로 반려동물의 그림이 집 외벽에 그려져 있다. 이것을 보면 우리는 어떤 생각을 할까? 영락없이 '개조심'이다. 물릴 수 있다거나 짖는 개가 있다는 정도로 받아들인다. 그러나 이것은 화제 등의 사고가 발생하면 반려동물도 구조해 달라는 표시라고 한다. 모두 평등하게 행복을 누리고 누구에게도 피해를 주지 않으며 함께 기쁜 세상을 만드는 것에 대한 핀란드인의 신념은 확고하다.

이러한 신념은 교육에서 비롯한다. 바른 인성을 가진 사람을 엄격하게 골라 교사로 키워 내고 그 교사들은 학생들을 바른 인성으로 저마다 다르게 가진 인생의 목표를 위해 평등한 기회로 누구에게도 피해 주지 않고 방해받지 않으며 성장하도록 돕는다. 그 결과 핀란드는 국제 학업 성취 평가도에서 1위를 기록하고 있다. 520만 명이라는 인구가 이뤄 낸 대단한 성과이다.

핀란드 초등학교 교사가 직접 쓴 《핀란드 교육현장 보고서》라는 책을 보면 핀란드의 인성교육에 대해 비교적 잘 알 수 있다. 우리나라와 비슷하게도 천연자원이 많지 않은 핀란드는 사람이 곧 자원이라고 생각하고 교육에 나라의 미래를 걸었다. 예산에서부터 기업 정책보다는 교육 정책이 앞서는 교육제일주의를 실천하고 있다.

바른 인성을 가장 기본으로 두고 모두 평등하게 최고의 교육을 받아야 한다는 기조는 인성을 지키며 경쟁으로부터 자유로울 수 있는 장치로 쓰였다. 어려서부터 교육받은 올바른 사회의식과 배려, 존중은 인성 위주의 사회 문화를 이끌어 냈다.

미국의 인성교육

미국의 인성교육은 1840년대, 당시 교육 개혁가였던 '호레이스 만 (Horace Mann)'으로부터 시작된다. 그는 인성 계발이 학업만큼 중요하다고 주장했다. 기독교 정신을 바탕으로 한 그의 주장은 교육 전반에 막대한 영향을 미쳤다. 그러나 제2차 세계대전 이후부터 미국 교육의 방향은 점차 인성교육보다 학업 성취도 쪽으로 옮겨지게 된다. 이에 학교 내의 심각한 폭력 사태와 총기 사건 등이 일어나면서 다시 인성교육의 중요성에 대해 인식하게 되었고, 1990년부터 'Character counts(인성이 중요하다.)'라는 슬로건 아래 도덕 교육을 중시하며 인성교육을 강조해 오고 있다. 현재 미국의 인성교육은 교육부 산하의 '안전과 마약 없는 학교국(Office of Safe and Drug-free School)'이 총괄하고 있고, 교육계뿐 아니라 청소년들과 관계된 여러 기관과 민간 단체와의 유기적인 협력 하에 추진되고 있다. 신뢰, 존중, 책임, 공평, 보살핌, 시민정신이라는 여섯 가지의 덕목을 중심으로 교육되고 있으며 최근에는 여기에 창의성이 더해져 미래 사회의 창의성과 윤리 교육의 동시 추구를 목표로 하고 있다.

미국 인성교육의 가장 큰 특징 중 하나는 일반 교육 과정에 인성교육이 접목되어 시행된다는 점이다. 역사 시간에는 미국 독립선언서를 통해 인권과 윤리를 교육하고, 문학 시간에는 사회 도덕적 문제에 대한 에세이를 쓰는 식이다. 전혀 연관성 없어 보이는 체육 시간도 인성교육에 바탕을 두고 있다. 스포츠를 통해 페어플레이 정신과 상대방에 대한 배려를 가르치는 것이다.

구체적인 원칙을 수립하고 실행하며 이를 철저히 감독하는 것도 눈여겨볼 점이다.

한 초등학교에서는 교사, 부모, 직원, 교장으로 구성된 학교개선위원회를 열어 학교가 학생들에게 교육해야 할 인성교육의 원칙을 수립하고 1년간 실행 과정을 철저히 감독한다. 또한 학생들이 인성교육 원칙을 깊이 숙지하고 행동할 수 있도록 1년 내내 학급 토의나 행사를 통해 돕는다. 틀에 짜인 인성교육이 아니라 여러 사람의 의견이 반영된 교육을 구체적이고 철저한 절차를 통해 수행하는 것이다.

독일의 인성교육

미국과 더불어 인성교육의 선진국이라고 할 수 있는 독일의 사례를 살펴볼 필요가 있다. 독일 인성교육의 가장 큰 핵심은 모든 교과목이 인성교육을 목표로 한다는 것이다.

앞서 미국에서도 인성교육과 일반 교과목과의 연계를 언급했지만, 독일은 이를 뛰어넘어 인성교육을 일반 교과와 따로 구분 짓지 않는다. 인성교육에 대한 프로그램도 거의 찾아볼 수 없다. 그렇다면 독일의 인성교육은 대체 어떻게 이루어질까.

독일 인성교육의 비법은 아주 간단하다. 학교를 경쟁하는 분위기가 아니라 서로 협동하고 의지하는 분위기로 만드는 것이다. 독일의 선생님들은 학생들에게 성적보다는 친구 관계가 중요하다고 말한다. 좋은 성적을 내서 대학에 진학해야 한다는 압박도 주지 않는다. 또 성적이 우수한 학생보다는 친구들과 잘 어울리고 배려가 많은 아이들에게 더욱 칭찬을 해준다.

교과 진도가 여유롭게 이루어지는 대신 방과 후 활동이나 동아리 활동를 적극 권장한다. 학생들은 방과 후 활동을 통해 친구들과 협력하는 법을 배운다. 대신 교칙과 규율에 대해서는 굉장히 엄격하다. 무단결석 한 번에 학부모를 소환하고, 두 번이면 퇴학이 가능할 정도이다. 공교육의 영향력이 높기 때문에 교사의 권위가 높고 사회적으로도 많은 존경을 받는다.

이러한 독일의 인성교육이 제대로 작용할 수 있는 이유는 우리에게도 유명한 독일의 사회보장제도와 관련이 있다. 독일은 인성교육을 학교가 아니라 사회에서 한다는 말이 있을 정도로 학교와 가정, 학교와 사회가 공동으로 학생들의 인성을 함양하도록 노력하고 있다. 대학에 진학하지 않더라도 기술을 배워 기능장(Meister)이 되면 충분한 보수와 대우를 받으며 살아갈 수 있는 사회적 분위기도 큰 영향을 미친다. 또한 실업학교(Realschule), 직업학교(Fachschule, Beruffschule), 일반학교(Hauptschule) 등 다양한 학교에서 무료로 양질의 교육을 받을 수 있기 때문에 개인이 공부에 대한 열의만 있다면 얼마든지 새로운 학문을 배우고 성장할 수 있다. 이러한 사회-교육계의 분위기가 좋은 인성을 기르는 선순환을 이루고 있는 것이다.

우리나라의 인성교육

우리나라도 인성교육의 중요성을 인식하고 관심을 가지기 시작했다. 조금 늦은 감이 있긴 하지만 2015년 1월, 세계에서 처음으로 인성교육을 법으로 의무화하는 '인성교육진흥법'을 제정할 정도로 제법 속도를 내고 있다. 인성교육진흥법에 따라 앞으로는 국가와 지방자치단체, 학교에 인성교육 의무가 부여된다. 정부는 교육부, 문화체육관

광부, 보건복지부, 여성가족부 차관과 민간 전문가 등으로 구성된 국가 인성교육위원회를 설립하고 5년마다 인성교육 종합 계획을 세운다. 또한 교사는 인성교육 연수를 의무적으로 받아야 하고 사범대와 교대 등 교원 양성 기관에서는 인성교육 역량을 강화하기 위한 필수 과목을 개설하게 하는 등 구체적인 실행 방안도 내놓고 있다.

교육부는 인성평가제를 대학 입시에 도입하겠다는 계획을 내놓았다. 교육대와 사범대에서 먼저 적용되는 이 제도를 시행하는 대학에는 인센티브를 주겠다고 발표했다. 학생부 종합 전형으로 이름을 바꾼 입학사정관제나 인성평가제는 이미 미국에서 80년 동안 시행해 온 제도이다. 〈월스트리트저널〉에 따르면 미국의 3,000여 개의 대학 중 성적 제출이 의무화되어 있지 않은 곳이 850개가 넘는다고 한다.

성적만으로 전인적 인재를 뽑을 수 없다는 것을 체득한 미국은 성적은 개인을 평가하는 여러 가지 수단 중 하나일 뿐 그만큼, 혹은 그보다 중요한 것이 인성, 특기, 잠재력, 사회성, 리더십이라고 판단한 것이다. 그러나 미국의 제도가 우리에게 적합한지는 두고 볼 일이다. 사회와 문화가 다르므로 제도가 좋다고 해서 똑같은 효과를 거둔다고 볼 수 없다. 제도는 사회가 만드는 것이기 때문이다.

어쨌든 인성교육진흥법으로 인해 우리도 인성교육 선진국이 되기 위한 발판을 마련한 셈이다. 그러나 미국과 독일의 사례에서 본 것과 같이, 법과 시스템만으로는 아이들의 인성을 올바르게 키워 낼 수 없다. 미국과 독일에는 인성교육을 뒷받침해 줄 사회적 분위기가 조성

되어 있다. 경제 성장을 위해 많은 부분을 소홀히 해온 우리의 입장에서 미국과 독일의 사회적 분위기와는 차이점이 분명히 있겠지만 우리에게 맞는 인성 평가 방식이 반드시 마련될 것이고 그것으로 사회와 문화도 함께 바뀔 것이라 믿어 의심치 않는다.

인성 위주의 사회란 어떤 곳일까? 인성을 가장 중요하게 생각하는 문화란 또 어떤 것일까? 대단할 것도, 어려울 것도 없다. 진심이 깃든 배려와 존중이 일상 곳곳에 자연스럽게 배어 있는 사회와 문화인 것이다. 비상식적, 비양심적 개인의 일탈로 사회적 문제가 일어나지 않는 곳이다.

사회가 변하면 개인이 변하고, 개인이 변하면 사회가 변한다. 인성이 좋은 개인으로 이뤄진 사회! 바로 그것이 우리가 원하는 안전하고 행복한 사회이다.

인성은 가정에서 시작한다

밥상머리 교육의 힘

미국 최초의 흑인 대통령 버락 오바마. 그가 백악관에 입성하고 나서 가장 하고 싶은 일로 무엇을 꼽았을까? 그가 바란 것은 명사들을 초청해 파티를 여는 것도, 집무실에서 장관들에게 보고를 받는 것도 아니었다. 바로 가족과의 오붓한 저녁 식사였다. 오랜 선거 유세 때문에 사랑하는 두 딸과 함께하지 못한 것이 늘 마음에 걸렸기 때문이다.

매일 저녁 6시 30분. 오바마 가족은 특별한 일이 없으면 모두 백악관의 식탁 앞에 모인다. 아침도 예외는 아니다. 한 번은 가족들과의 아침 식사를 위해 회의 시간을 조정하여 화제를 모으기도 했다. 세계 초

강대국인 미국의 대통령도 식사 시간만큼은 두 아이의 다정한 아빠가 되고 싶은 것이다.

세계의 언론들은 오바마 대통령의 이러한 모습에 많은 관심을 가졌다. 단순히 그의 자상한 모습이 흥미로워 보여서만은 아니다. 가족들과의 식사 시간은 무슨 일이 있어도 지킨다는 그의 고집은 그가 두 딸을 가르치는 교육 방법이기 때문이다. 그는 딸들과 함께 밥을 먹으며 딸들의 관심사와 고민을 듣고 자신의 경험을 이야기해 준다. 때로는 하나의 의견을 놓고 딸들과 토론을 하기도 한다. 자칫 무겁고 꺼내기 어려운 주제라 하더라도 식탁 앞에서는 자유롭게 이야기가 오고 갈 수 있다. 한국 언론은 이를 '오바마의 밥상머리 교육'이라 불렀다.

오바마 대통령은 이러한 밥상머리 교육을 자신의 어머니로부터 배웠다. 싱글맘이자 워킹맘이었던 어머니는 매일 새벽 4시 반이면 아들의 침대로 아침상을 차려와 함께 식사를 하며 이야기를 나눴다고 한다. 너무나 바쁜 나머지 아들과 대화할 수 있는 시간이 그때뿐이었기 때문이다.

어린 오바마는 그런 어머니의 마음도 모르고 자주 투정을 부렸지만, 그때 어머니와 함께했던 이른 새벽의 아침 식사가 오늘날의 미국 대통령 오바마를 만든 밑거름이 되었다고 이야기한다.

유대인의 교육법

밥상머리 교육의 중요성을 이야기할 때 빼놓을 수 없는 것이 바로 유대인들의 밥상머리 교육이다. 세계 인구의 0.2%밖에 되지 않는 그들이 세계의 금융 시장을 쥐락펴락하고 역대 노벨상 수상자의 22%를 차지하는 것은 그들의 특별한 교육법에 있다. 그중에서도 밥상머리 교육의 힘이라고 할 수 있다.

유대인들에게 가장 큰 배움의 터전은 집이다. 말을 배우기 시작할 때부터 '토라'와 '탈무드'를 배우며 유대인들만의 지혜를 습득한다. 그중 가족이 함께 모여 식사하는 시간은 아이들이 부모로부터 유대교의 가르침을 전수받는 가장 중요한 시간이다. 유대인 부모들은 자녀를 자신들과 동등한 인격체로 대우하며 유대교의 가르침에 대해 토론한다. 둘씩 짝을 지어 토론하는 것을 '하브루타'라고 하는데, 하브루타가 가장 잘 이루어질 때가 바로 식사 시간이다.

또한 유대인들에게는 금요일 저녁마다 가족과 친지들이 모여 함께 식사하고 예배를 드리는 문화가 있다. 저녁 식사라기보다는 의식에 가까운 이 시간에는 서로를 축복하고 힘들게 차린 음식과 음식을 장만한 사람을 칭찬한다. 이 과정에서 아이들은 자연스럽게 예절과 음식에 대한 소중함과 타인에 대한 배려를 배우게 된다.

우리 조상의 교육법, 식시오관

사실 엄밀히 말하자면 우리나라만큼 밥상머리 교육을 중요시했던 민족은 없을 것이다. 아직도 식탁 앞에서 다리를 떨거나 어른보다 숟가락을 먼저 드는 아이들에게 "밥상머리에서 버릇없이 군다"라며 야단을 치는 어른이 많다. 그러나 이는 단순히 예의의 차원에서 그칠 뿐, 우리 조상들이 행해 왔던 밥상머리 교육과는 많은 차이가 있다.

우리의 조상들은 예부터 밥상머리를 훈육의 공간으로 인식했다. 조선 사대부가는 밥상머리에서 식사할 때 5가지를 생각하라는 뜻으로 '식시오관(食時五觀)'을 강조했다.

식시오관을 자세히 살펴보면 다음과 같다. 첫째, 음식에 들어간 어미의 정성을 헤아리는 것. 둘째, 오늘 내가 음식을 먹을 자격이 있는가를 성찰하는 것. 셋째, 입의 즐거움과 배부름을 탐하지 않는 절제를 행하는 것. 넷째, 음식이 약이 되도록 골고루 먹으라는 것. 다섯째, 인성을 갖춘 후 음식을 먹으라는 것이다. 식시오관 속에는 배려와 감사, 존중과 자기성찰 등 올바른 인성을 만들기 필요한 모든 덕목이 포함되어 있다.

이처럼 밥상머리 교육을 중요시했던 우리 민족이 언제부터인가 밥상머리 교육은커녕 함께 모여 밥 한 끼 먹는 것조차 어렵게 되어 버렸다. 보건복지부와 질병관리본부의 '2013 국민건강통계'에 따르면 가

족과 함께 아침 식사를 하는 사람의 비율은 46.1%로 전체의 절반에
도 못 미친다. 조사가 시작된 2005년 62.9%에서 17%가량이 감소한
것이다. 저녁 가족 동반 식사율도 2005년 76%에서 2013년 65%로
점점 줄어들었다. 한 집에 살며 끼니를 같이한다는 뜻의 '식구(食口)'
라는 말도 이제 옛말이 되어 가고 있는 것이다.

인성교육에서 가장 중요한 것은 교육 환경

물론 맞벌이 부부가 늘어나고 학생들도 하루 종일 학원을 전전하
느라 한자리에 모이는 것이 쉽지 않은 것도 사실이다. 그러나 가족과
의 식사의 가치를 너무 과소평가하는 분위기가 가장 큰 문제이다. 귀
찮다는 이유로, 바쁘다는 핑계로 가족과 한 식탁에 마주 앉아 밥 먹기
를 꺼려 하는 것은 가족의 화목함을 저해하는 것은 물론 당신의 아이
의 인성에 크나큰 영향을 줄 수 있다는 점을 명시하자. 오바마 대통령
도 소중하게 생각하는 가족과의 식사 시간이지 않은가.

물론 가정에서의 인성교육은 밥상머리 밖에서도 중요하다. '아이
는 부모의 거울'이라는 말처럼 부모의 습관과 행동, 말에서 아이들의
인성이 형성된다. 당연한 말이지만 부모의 선행과 모범이 아이의 인
성 형성에 가장 큰 영향을 미친다. 이는 레오나르도 다빈치가 최후의
만찬의 모델을 찾는 과정에 빗대어 이야기할 수 있다.

레오나르도 다빈치는 수도원의 요청에 따라 〈최후의 만찬〉을 그리게 되었다. 이 그림에서 가장 중요한 예수의 모습을 그려야 하는데 그 인상이 떠오르지 않았다. 그래서 그는 오랫동안 고민한 후, 예수의 상을 찾기 위해 유랑을 시작했다. 예수는 어떤 모습일까 연상하면서 걸었다. 예수는 분명히 '강하면서도 부드럽고, 빛과 힘이 있는 모습'이어야 한다고 생각했다. 그렇게 고행 6개월 만에 안젤로라는 청년을 만나자마자 바로 저 모습이 예수의 모습이라고 생각했다.

마침내 그림을 그리기 시작했다. 얼마 후, 그림에 채울 또 한 명의 인물인 유다가 필요했다. 다빈치는 또다시 유다의 상을 찾으러 떠났다. 그리고 1년 만에 겨우 어느 다리 밑 허술한 집에서 유다 상이라 생각할 한 청년을 찾아내 화실로 데려갔다. 그런데 청년이 다빈치의 무릎에 엎드려 우는 것이 아닌가. 그러고는 자신이 1년 전에 예수의 상이라면서 선생님이 찾아 주었던 바로 그 청년 안젤로라고 절규하는 것이었다.

안젤로가 선한 예수의 형상에서 배반자 유다의 형상이 되어 버린 것은 절대적으로 환경의 영향 때문이라고 할 수 있다. 환경에 따라 사람은 너무도 쉽게 변할 수 있다. 아이의 인성교육도 마찬가지이다. 아이에게 가장 큰 영향을 미치는 곳이 집인 만큼 집 안에서의 환경이 아이의 인성교육에서 가장 중요하다. 학교 교육은 가정에서의 교육 다음의 일이다. 그러나 요즘은 부모들이 자녀의 인성을 너무 학교 교육에 맡기는 것 같은 느낌을 받는다. 자녀의 인성교육의 1차적 책임과 역할은 바로 부모에게 있다. 아이를 예수의 형상을 한 안젤로로 키울 것인가, 배반자 유다의 형상을 한 안젤로로 키울 것인가는 전적으로 가정 환경에 달려 있다.

인성을 우선하는 교육 철학

다시 유대인들의 교육에 대해 이야기해 보자. 유대인들은 밥상머리만큼이나 일상생활에서의 인성교육에 큰 노력을 기울이고 있다. 유대인의 율법에는 '귀 먹은 사람에게 욕하지 말라'라는 규율이 있다.(출전 성경, 레위기) 왜 그럴까? 바로 욕하는 자신의 인성이 망가지기 때문에 그것을 막고자 한 것이다. 유대인들이 어린아이를 교육할 때 강조하는 것 중 하나가 거짓말에 대한 것이다. 거짓말을 해서는 안 된다. 그러나 상대방을 배려하지 않는 참말, 즉 사람의 마음을 다치게 하는 참말도 하면 안 된다고 가르친다. 어릴 때부터 배려에 대한 교육을 하는 것이다. 유대인은 어릴 때 자녀에게 두 개의 저금통을 선물한다. 그리고 하나는 자신을 위해서, 하나는 이웃을 위해서 사용하도록 가르친다. 이웃을 생각하고 돈의 소중함도 깨닫게 하는 교육이다

LA 한인 사회의 대표적인 명문 공립 초등학교인 '3가 초등학교'의 수지 오 교장이 수십 년간 수많은 인재를 길러 낼 수 있었던 비법도 유대인들의 교육 철학과 관련이 깊다. 그녀는 학내에 한국인들 다음

으로 비중이 높은 유대계 학생들의 태도를 보고 유대인들의 교육 방식에 관심을 가지게 되었다.

수지 오 교장이 느낀 유대인 학생들의 장점을 원활한 의사소통과 뛰어난 문제 해결 능력, 다른 사람과의 협력이었다. 우리나라 학생들이 공부는 잘하지만 의사소통과 협력 활동을 잘 하지 못하는 것과는 사뭇 대조적이다.

또한 수지 오 교장은 유대인 학부모의 교육 철학에 대해 다음과 같이 정리했다.

1. 최고의 학교보다는 자신의 교육 철학과 맞는 학교를 찾아라.
2. 최고가 되기 전에 최선을 다하라.
3. 다른 아이와 비교하지 않고 아이 자신의 행동 변화를 비교하라.(작년에는 독서량이 적더니 올해는 많아졌구나!)
4. '나 전달법'을 사용하라.(힘이 드니까 내가 도와줘야겠구나.)
5. 부모가 솔선수범하라.
6. 내 아이를 위해 학교 전체의 발전을 도와라.

이러한 유대인들의 교육 철학은 아이비리그 졸업생 중 30%가 유대인이라는 놀라운 결과를 만들어 냈다. 가정에서의 인성교육과 확실한 교육 철학이야말로 아이의 인생을 성공의 길로 이끄는 가장 중요한 원동력이다.

좋은 인성이란 무엇일까?
사전에는 인성이 '사람의 성품, 각 개인이 가지는 사고와 태도'라고 적혀 있다.
사전적 정의를 빌리면 좋은 인성을 지닌 사람이란
좋은 성품과 좋은 사고, 좋은 태도를 지닌 사람이라고 할 수 있다.

2장

인성은 어떻게 사람들을
성공으로 이끌었나

왜 세계적 대학에서 인성을 중요시할까

만점자도 낙방할 수 있다

미국의 대학들은 우리가 2008년도에 도입한 입학사정관제를 80여 년 전부터 시행하고 있다. 대표적으로 미국 최고의 명문 대학인 하버드에서는 1923년부터 입학사정관제를 통해 학생들의 잠재력과 특기를 종합적으로 고려해 입학생들을 선발하기 시작했다.

미국 입학사정관제의 핵심은 단연 인성에 대한 평가이다. 입학 원서를 낼 때 에세이를 제출하는 이유가 에세이를 통해 학생의 인성을 평가하려 하기 때문이다. 그래서 우리의 수능 시험과 비슷한 SAT를 만점 받은 학생들도 미국 명문 아이비리그 대학 진학에 실패하는 경우가 더러 있다. 아무리 성적이 좋다고 하더라도 인성에 대해 나쁜 평가를 받게 되면 명문대에 진학할 수 없는 것이다.

미국의 명문대들은 커리큘럼을 점차 인성, 특기, 잠재력, 사회성, 리더십 등 종합적인 능력을 중시하는 쪽으로 변화하고 있다. 최근 〈월스트리트저널〉이 미국의 약 3,000개 4년제 종합대학 중에서 시험 성적 제출을 의무화하지 않는 대학이 850개가 넘었다고 보도했다.

특히 명문 리버럴 아츠(Liberal Arts)대학인 보드윈(Bowdoin)대학과 웨이크 포레스트(Wake Forest)대학 등 100여 개 대학은 수험생의 SAT 점수를 아예 받지 않으며 드폴(DePaul)대학 등에서는 여러 개의 짧은 에세이를 제출하게 하여 학생들의 인성을 파악하고 있다. 이 밖에도 미시간 주립대의 경우 제1차 심사에서 합격 유보 판정을 받은 2,000여 명에게 100문항의 온라인 인성 테스트를 받도록 했다.

참된 인재의 요건

미국의 명문 대학들이 가시적인 능력과 성적보다 인성에 더 무게를 두는 이유는 무엇일까? 미국 명문 대학들은 개인의 성공이 절대적으로 개인 혼자의 것으로만 끝나기를 원치 않기 때문이다. 지식과 경험이 풍부하고 많은 자본까지 가진 자가 비뚤어진 인성을 가지고 있는 것만큼 위험한 것은 없다. 미국 명문대들의 인성교육의 관심은 세계 시민을 기르기 위한 노력의 일환이다. 성공한 개개인이 세계 시민으로서 인류의 발전을 올바른 길로 인도해 나가는 것. 그것이 인성교육의 목표가 아닐까.

명문이라 불리는 대학들은 훌륭한 인재상을 개인적 범위를 넘어 전 세계에 공헌할 수 있는 인물에 목표를 두고 있다. 학자, 교육자, 정치가, 과학자 등 인류를 위해 자신이 가진 특장을 헌신할 수 있는 인재를 길러 낸다는 것에 큰 긍지를 느낀다. 그러려면 실력은 기본이다. 뛰어난 성적, 남다른 특기 등은 사회에 공헌을 할 수 있게 하는 콘텐츠이다. 이 콘텐츠를 더욱 값지게 쓸 수 있게 하는 것은 바로 올바른 인성에서 비롯한다. 세계적 대학에서는 오랜 역사적 경험을 통해 학생들에게 공부는 기본이고, 그 외의 많은 것을 요구한다. 그것이 바로 참된 인재를 길러 내는 가장 중요한 요건이기 때문이다.

좋은 인성은 실력을 이긴다

진정한 성공이란

학교에서 제자들을 가르치다 보면 본의 아니게 아이들 하나하나의 인성을 파악하게 된다. 인성이란 평소의 행동에서 나온다고 생각한다. 강의를 듣는 태도를 볼 때나 오가다 마주치며 인사를 나눌 때마다 내 눈에는 학생들의 인성이 선명하게 보인다.

학기 말에 학생들의 성적을 확인해 보면 어김없이 평소 인성이 바른 아이라고 생각한 아이들이 최상위권을 차지한다. 물론 드물지만 수업도 잘 나오지 않고 인사도 제대로 하지 않는 제자가 얄밉게도 좋은 성적을 받는 경우가 있다. 하지만 대체로 인성이 바른 아이들이 성적도 좋다는 것은 부정할 수 없다. 적어도 좋은 인성과 좋은 실력은 반비례하지 않는다.

사실 인성과 성적을 결부해 생각하는 것 자체가 그리 올바른 사고는 아니다. 이것 또한 모든 것을 성적 위주로 생각하는 사람들의 강박관념의 일종이라고 볼 수 있다. 성적이 나쁜 아이를 인성이 나쁜 아이로 치부하는 불상사가 생길 수도 있다.

인성과 성공을 연관해 생각하는 것도 마찬가지이다. 훌륭한 인성을 가진 사람이라고 해서 모두 성공하는 것은 아니다. 안타깝게도 우리 주위에는 훌륭한 인성을 가지고 있음에도 어렵게 사는 이웃이 많다. 성적과 성공에는 너무나 많은 요인이 관여하고 있기 때문이다. 그것이 환경 때문일 수도 있고, 자본 때문일 수도 있고, 평소의 생활 습관 때문일 수도 있다.

그렇지만 좋은 인성을 가진 사람들은 성실함을 겸비할 가능성이 크다. 훌륭한 인성에는 과정과 노력에 대한 가치를 이해하는 능력도 포함되기 때문이다. 자신의 땀방울로 만들어 낸 빛나는 성취야말로 진정한 성공이라 부를 수 있다. 편법을 사용하거나 남을 착취해서 성공이라 부를 만한 것을 이루었다 해도 세상은 그들을 성공한 사람이라 부르지 않는다.

좋은 인성의 미래 가치

미래에는 지금보다 좋은 인성에 대한 가치가 높아질 것이다. 정보화 시대에서 개인의 인성은 전보다 훨씬 더 평가 받기 쉬워졌기 때문이다. 트위터나 페이스북 같은 SNS를 통해 자신의 인성을 드러내 망신을 당하거나 불이익을 당하는 것이 좋은 예이다. 선거 기간 중에 한 후보의 자녀가 부적절한 내용을 올려 후보의 지지율이 폭락한 적도 있고, 연예인이 개념 없는 발언을 해 팬들과 언론에게 지탄을 받은 적도 있다.

반면 평소의 선행이 SNS나 미디어를 통해 세상에 알려져 큰 성공을 거둔 사람들도 있다. 서울에 사는 평범한 학생이었던 이민호 씨는 평소 버스정류장의 방향 표시 화살표가 훼손되어 있어 불편함을 느꼈다. 특히 나이가 많은 어르신들이 반대 방향의 버스를 타서 어려움을 겪는 것을 보고 안타까움을 느꼈다고 한다.

이민호 씨는 인터넷에서 버스 노선도의 화살표와 가장 비슷한 스티커를 구입해서 직접 자전거를 타고 돌아다니며 일일이 붙여 나갔다. 자신이 붙인 스티커가 비에 젖어 금방 찢어지는 것을 보고는 스티커 제작업체에 의뢰해 튼튼하고 비에 젖지 않는 스티커를 만들어 붙이기까지 했다. 거기에 그치지 않고 스티커를 붙이러 다니면서 느꼈던 여러 가지 불편 사항을 체크해 서울시에 건의하기도 했다. 이러한 이민호 씨의 선행이 SNS와 언론을 통해 알려지면서 2012년에는 서울시장과 함께 인터넷 방송에도 출연하고 서울시장 표창을 받기도 했다.

이민호 씨의 선행에 대한 보답은 여기서 그치지 않았다. 남들보다 스펙이 부족하여 번번이 취업의 문턱을 넘지 못했던 이민호 씨에게 한 통의 전화가 걸려 왔다. 한 대기업의 사회 공헌 파트에서 그와 함께 일하고 싶다고 알려 온 것이다.

이민호 씨는 그의 선행을 통해 당당히 대기업에 입사할 수 있었다. 좋은 인성이 좋은 실력을 이긴 멋진 사례라고 할 수 있다.

인성이 경제이다

그릇된 인성이 미치는 악영향

인성은 개인의 성공을 결정하는 중요한 요소이자 사회를 얼마나 발전시키느냐를 결정하는 중요한 요소이다. 당연한 말이지만 개개인이 모여 사회를 이루고, 그 사회가 얼마나 건전하냐에 따라 문화와 경제가 발전하기 때문이다.

아주 대표적인 예로 일부 한국인 관광객이 해외를 여행하며 에티켓을 지키지 않는 일명 '어글리 코리언'을 들 수 있다. 세계적인 유적에 낙서를 하고 호텔에서 큰 소리로 떠들거나 호텔 비품을 몰래 가져오는 일부 어글리 코리언 때문에 각국에서 한국인 관광객들을 꺼린다는 뉴스도 접한 적이 있다. 동남아시아 성매매 관광객 수 1위가 한국이며, 가장 변태적이고 폭력적인 손님들 역시 한국인들이라는 기가 막힌 기사도 보았다. 어글리 코리언들이 우리나라의 이미지를 크게 실추시키고 있다.

실추된 국가의 이미지는 고스란히 우리 사회와 경제에 큰 타격을 입힌다. 당장 해외 여행객들의 방문이 줄어들 것이고 해외 기업들과 거래를 하는 한국 기업들이 애를 먹을 수도 있다. 한국의 정상들이 외교를 하는 데 큰 걸림돌이 될지도 모른다.

얼마 전 국제적 테러 단체인 IS에 제 발로 걸어 들어가 가담한 김 군의 이야기도 이러한 사례 중 하나로 볼 수 있다. 이미 미디어를 통해 IS가 자행한 온갖 악행이 공개가 된 상황에서 김 군이 스스로 그들에게 가담한 것은 김 군과 김 군 가족들에게도 불행한 일이지만 우리나라의 이미지에도 큰 타격을 주었다. 어린 학생의 실수라고 보기에는 너무나 뼈아픈 이미지 실추이다.

대기업 엘리트 직원이 회사의 핵심 기술을 외국에 팔아 뒷돈을 챙겼다는 뉴스는 이제 그리 놀랍지 않다.

기업의 사운이 달린 핵심 기술의 유출은 기업에게만 타격이 가는 것이 아니라 한국 경제에도 막대한 악영향을 끼친다. 기업이 부도나 기라도 한다면 몇 백, 몇 천 명의 실업자가 생겨나 경제 활동을 하지 못할 수도 있다. 개인의 그릇된 인성에서 비롯된 욕심이 우리 경제를 멍들게 하는 것이다.

착한 기업의 성공 사례

좋은 인성이 경제적 효과를 불러일으킨 사례 역시 수없이 많다. 대표적으로 신발업체인 '탐스 슈즈(TOMS SHOES)'를 이야기할 수 있다. 탐스 슈즈는 '내일을 위한 신발(Shoes for Tomorrow)'이라는 슬로건으로 소비자가 신발 한 켤레를 구매하면 제3세계 어린이들에게 신발한 켤레를 기부하는 1대 1 기부 공식(One for one)을 도입한 사회적 기업이다.

탐스 슈즈의 창업자인 블레이크 마이코스키(Blake Mycoskie)는 아르헨티나를 여행하다가 맨발로 돌아다니는 아이들을 만나게 되었다. 맨발로 지저분한 땅을 밟고 다니는 아이들의 발은 온통 상처투성이었고, 발의 상처를 통해 병에 걸리는 아이도 많았다. 더군다나 신발이 학교의 필수 준비물이라 신발이 없는 아이들은 학교에 다닐 수도 없었다. 평범한 사람들이라면 이러한 광경을 보고 잠시 마음이 아프고 말았겠지만 그는 아이들을 위해 무언가를 해야겠다고 마음먹었다.

그는 2006년, 세계 최초로 일대일 기부라는 획기적인 시스템을 도입한 탐스 슈즈를 설립했다. 처음에 사람들은 단순히 이상만 가지고 기업을 운영할 수 없다며 그를 걱정하거나 비웃었다. 그러나 탐스 슈즈는 2009년 기준 매출액이 55억 달러를 넘어섰고, 2010년까지 누적된 기부 켤레 수는 100만 켤레에 이르렀다. 블레이크 마이코스키의 좋은 인성이 세상을 아름답게 변화시킨 것은 물론, 경제적으로도 큰 효과를 불러일으킨 것이다.

또 하나의 사례로 홈리스(homeless)들에게 자립의 기회를 제공하는 〈빅이슈(Big Issue)〉가 있다. 지하철역 앞이나 번화가 횡단보도 앞에서 목이 터져라 구호를 외치며 잡지를 파는 중년들을 본 적 있을 것이다. 그들이 바로 〈빅이슈〉를 파는 홈리스인 '빅판(〈빅이슈〉 판매원)'이다. 1991년 영국에서 창간되어 2010년에 우리나라에 진출한 〈빅이슈〉는 홈리스들에게만 판매권을 주는 잡지로, 권당 5,000원에 판매되며 이중 절반인 2,500원이 빅판들에게 돌아간다.

빅판들은 단순히 판매 수익만 가져가는 것이 아니다. 6개월 이상 성실하게 판매원 역할을 수행하고 저축을 하면 임대 주택 입주 자격을 얻을 수 있다. 단, 판매 활동 중에는 절대 술을 마시거나 흡연을 하지 않아야 한다. 지금까지 영국에서만 5,500명이 〈빅이슈〉 판매를 통해 자립에 성공했으며 현재 10개국(영국, 호주, 남아프리카공화국, 일본, 대만, 한국 등)에서 간행되고 있다. 아무런 경제 활동도 하지 않는 홈리스들이 자립에 성공해서 경제 활동을 한다면 개인은 물론 국가에도 크나큰 이득이 될 것이다.

한국에도 수많은 사회적 기업이 활동하고 있다. 2007년 7월에 사회적 기업 육성법이 시행되면서 고용노동부로부터 인정을 받은 사회적 기업은 2007년 55개에서 출발하여 현재 1,165개로 늘어났다. 사회적 기업들은 취약 계층에게 일자리를 제공하기도 하고 미흡한 사회 서비스를 제공하거나 지역 사회의 경제를 살리기도 한다.

금융 정보를 잘 모르는 서민들이 대출 사기나 불법 고리사채에 빠지는 것을 방지하기 위해 설립한 서민 대출 공적 중개 회사인 '한국이지론', 소외 계층의 지속적인 고용을 목표로 발달 장애인들을 고용하여 디지털 인쇄, 원두커피 제조, 제과·제빵 등의 서비스를 제공하는 '베어베터', 친환경 기능성 제품으로 환경과 건강을 생각하는 패션 업체 '오르그닷' 등 아름다운 사회적 기업들이 우리 사회 곳곳에서 활약하고 있다. 좋은 인성을 지닌 사람들이 시작한 사회적 기업들이 세상을 아름답게 만들어 나가고 있는 것이다.

인성은 어떻게 평가되는가

인성은 존중에서 나온다

이처럼 인성의 중요성은 아무리 강조해도 지나치지 않다. 그렇다면 좋은 인성이란 무엇일까? 사전에는 인성이 '사람의 성품, 각 개인이 가지는 사고와 태도'라고 적혀 있다. 사전적 정의를 빌리면 좋은 인성을 지닌 사람이란 좋은 성품과 좋은 사고, 좋은 태도를 지닌 사람이라고 할 수 있다. 이러한 추상적인 정의만으로는 인성교육에 대한 철학이 나올 수 없다. 때문에 인성을 좀 더 구체적으로 정의하고 평가할 수 있는 기준이 마련되어야 한다.

나는 인성이 '존중'에서 나온다고 생각한다. 존중은 훌륭한 인간이 되기 위해 가장 필요한 가치이다. 남을 존중할 줄 모르는 사람을 인성이 좋은 사람이라고 할 수 없다. 존중은 남에게만 해당하지 않는다. 나 자신을 존중하는 것이야말로 좋은 인성의 핵심이다. 자신의 양심과 가치관을 존중한다면 섣불리 남에게 피해를 주지 않을 것이다. 그러므로 나는 인성이 좋은 사람이란 곧 존중할 줄 아는 사람이라고 생각한다.

존중은 다시 크게 두 가지 개념으로 나누어 볼 수 있다. 그중 첫 번째는 '효'이다. 효는 부모에 대한 존중이자 나아가 자신보다 나이가 많거나 경험이 많은 사람들에 대한 존중이다.

즉 효는 수직적인 존중이라고 할 수 있다. 사람은 '효'를 통해 예의범절을 배운다. 자고로 부모에게 효를 다하는 사람이 밖에서 예의 없이 행동하지는 않는 법이다. 공공질서를 어지럽히는 사람들의 대부분은 어릴 때 효에 대한 교육을 제대로 받지 못했을 가능성이 크다.

존중의 또 다른 하위 개념은 '배려'이다. 배려는 자신보다 약한 사람에게 베푸는 것으로 알고 있는 사람이 많지만 진정한 배려는 타인을 나와 동등한 위치에 놓고 그를 이해하고 도와주는 것이다. 자신보다 어려운 사람을 도울 때도 그가 불쌍하기 때문에 배려하는 것이 아니라 그와 나는 똑같은 인간으로서 서로의 짐을 함께 짊어져야 한다고 생각할 수 있어야 한다. 따라서 배려는 수평적 존중이라 할 수 있다. 배려가 몸에 배어 있는 아이들은 협동심이 강하고 교우 관계도 원만하다. 이기적인 행동으로 집단에서 눈총을 받거나 남의 아픔에 쉽게 눈 돌리는 사람들은 배려심이 부족한 사람들이다.

이처럼 '효'라는 수직적 존중과 '배려'라는 수평적 존중은 인간의 인성을 형성하는 두 개의 축이다. 두 개의 축을 모두 튼튼하게 지탱해야 올바른 인성을 만들어 갈 수 있다. 효만 알고 배려를 모르는 아이는 협동심이 부족할 것이고 배려만 알고 효를 모르는 아이는 예의가 부족할 수 있다. 앞으로의 인성교육과 인성 평가는 이러한 개념들에 유의해서 이루어져야 한다.

인성을 객관적으로 평가할 수 있을까?

앞서 인성에 대한 나 나름의 정의를 내려 보았다. 이번에는 인성을 어떻게 측정하는가에 대해 생각해 볼 차례이다. 인성교육이 제대로 이루어지기 위해서는 인성을 좀 더 객관적으로 측정하고 평가할 수 있어야 한다. 그런데 눈에 보이지 않는 인성이라는 개념을 어떻게 평가할 수 있을까?

대다수의 사람들은 인성의 평가가 불가능할 것이라고 생각한다. 그러나 인성을 평가하는 것은 측정이 어렵지 불가능하지는 않다. 우리는 오래전부터 측정 불가능한 것들을 측정하기 위해 노력해 왔고 늘 그것에 대한 유의미한 결과를 만들어 냈다. 지능을 측정하는 IQ와 성격 유형을 검사하는 MBTI가 대표적이다.

인성을 측정하려는 노력은 꽤 오래전부터 시작되었다. 미국의 경우 이러한 노력을 80여 년간 진행해 왔다. 대표적인 예로 토익, 토플 주관사인 ETS에서 개발한 인성 평가 프로그램인 ETS PPI(Personal Potential Index)를 들 수 있다. 미국 대학원 학장 및 입학사정관의 요청으로 개발된 이 프로그램은 미국 대학원 입학 전형에 입학 추천서와 동등하게 반영된다. ETS PPI는 지식과 창의성, 의사소통 능력, 팀워크, 적응 유연성, 기획 및 조직력, 윤리와 성실성 등 6개 영역을 평가한다.

한국에서도 인성을 평가하는 평가 도구들이 개발되고 있다. 2013년에는 한국교육개발원이 〈중앙일보〉와 경희대가 공동 개발한 인성 지수에 바탕을 두고 인성 평가에 대한 70개의 문항을 만들었다. 현재 이 문항들은 인성교육진흥법과 함께 활용할 방안이 검토되고 있다. 이외에도 인성을 평가하는 다면적 문항을 만들기 위한 노력이 다양한 곳에서 이루어지고 있다.

혹자들은 인성을 평가하려는 시도 자체를 나무란다. 그들은 지능이나 성격은 어느 정도 객관화할 수 있지만 인성이란 정형화된 것이 아니라고 주장한다. 하지만 사회적으로 좋은 인성에 대한 나름의 정의와 판단을 내릴 수 있다면 인성도 평가가 가능해야 한다. 그리고 인성 평가가 제대로 되어야만 인성교육이 발전할 수 있다. 학생들의 지식 상태를 파악하지 못한 채 수업을 진행하는 것과 지식 상태를 파악한 뒤에 수업을 진행하는 것의 효율만큼 개개인의 인성을 평가한 뒤에 인성교육을 실시하는 것과 그렇지 않은 것에는 큰 차이가 있다.

인성을 평가할 때 다면적인 문항만을 이용한다면 제대로 된 측정이 되지 않을 가능성이 크다. 때문에 많은 기관에서 면접을 통해 인성을 파악하고 있다. 면접은 가장 오래되고 중요한 인성 평가 방법이다. 말하는 태도나 말의 내용에서 그 사람의 인성을 어렴풋이 유추해 낼 수 있기 때문이다. 면접을 통한 인성 평가로 신입생을 뽑는 대학도 늘어나고 있는 추세이다.

서울교대는 입학사정관제만으로 예비 교원을 선발하고 있는데 신입생 면접 당시 '배려'와 관련된 일화를 제시하고, 수험생이 초등학교 교사가 됐다고 가정해 학생을 배려하는 장면을 이야기해 볼 것을 요구하는 문제를 낸다.

서울여대는 면접에서 '다른 사람들과 함께 공동의 목표를 달성해야 했던 경험, 여러 사람과 어떤 일을 잘해 냈던 경험' 등에 대해 묻는다. 한국의 대학들도 인성이 좋은 학생들이야말로 미래를 이끌어 갈 핵심 인재라는 사실에 눈을 뜨고 있는 것이다.

인성을 평가하는 또 하나의 방법은 바로 기록물들을 이용하는 것이다. 봉사 활동 기록이나 학생부 기록, 기업에서의 업무 평가 등에서 그 사람의 평소 행실이나 가치를 알아보는 것이다. 기록물을 이용한 인성 평가의 대표적인 사례로 최근 한양대에 합격한 조 군의 사연을 들 수 있다.

어릴 때부터 태권도에 흥미를 보인 조 군은 공부보다는 태권도를 사랑하는 태권소년이었다. 하지만 개인적인 사정으로 중학교 때 태권도를 그만두게 되었다. 조 군은 또래 친구들처럼 열심히 공부했지만 너무 늦게 공부를 시작한 탓인지 노력한 만큼 성적이 오르지 않았다. 항상 반에서 중하위권에 머물렀고 수능 성적도 그다지 좋지 않았다. 재수까지 하면서 목표로 한 대학교에 진학하기 위해 노력했지만 두 번째 수능도 그의 기대에 미치지 못했다.

그러나 조 군은 남들이 가지지 못한 훌륭한 인성을 지니고 있었다. 모든 일에 솔선수범하며 어려운 친구들을 돕고 긍정적이고 활기찬 학급이 될 수 있도록 분위기를 주도하였다. 특히 고등학교 3년 내내 자폐 성향이 있어 친구들에게 괴롭힘을 당하는 한 친구를 자신의 동생처럼 아끼고 돌봐 주어 다른 친구들과도 사이좋게 지낼 수 있도록 만들어 주었다. 이러한 조 군의 평소 생활과 선행은 그의 학생기록부에 고스란히 남았다.

재수 학원에서도 조 군의 성실함은 빛을 발했다. 학원의 한 선생님은 늘 밝은 얼굴과 성실한 태도를 보이는 조 군을 예쁘게 여겨 수업 시간 외에도 조 군의 진로와 대학 진학을 위해 조언과 지도를 아끼지 않았다. 재수 학원 선생님의 도움으로 한양대학교 체육교육학과 학생부 종합 전형에 지원하였고 한양대학교에서는 조 군의 학생부 기록과 자기소개서를 보고 크게 감동하여 조 군을 입학시키기로 결정했다. 한양대 인재 선발관은 "성적과 상관없이 자질을 봤을 때, 조군은 충분히 훌륭한 선생님이 될 수 있을 것으로 판단했다"라고 말했다.

선생님이라는 직업에서 성적보다 남을 위하는 마음과 성실함이 더 중요하다고 여긴 것이다.

조군의 사례처럼 면접과 기록물들을 이용한다면 우리가 놓치기 쉬운 훌륭한 인성을 지닌 인재들을 더 많이 발견할 수 있을 것이다. 여기에 앞서 이야기한 인성 평가를 위한 다면적 문항이 더해져 종합적인 인성 평가가 이루어진다면 우리의 인성교육은 훨씬 더 진일보할 것이다.

인성교육은 어떻게 이루어져야 하는가

나 자신을 위해서가 아닌

미국 매사추세츠주에 위치한 필립스 아카데미는 미국 최고의 명문 사립 고등학교로 손꼽힌다. 1778년에 설립되어 역사와 전통을 자랑하는 이곳은 부시 대통령 부자와 같은 수많은 인재와 명사를 양성했다. 명문 고등학교인 만큼 세계 각국에서 수많은 영재들이 이곳에 입학하기 위해 노력한다. 하지만 필립스 아카데미는 단순히 공부만 잘한다고 해서 입학할 수 없다.

SAT 점수에 커트라인을 두고 있지는 않지만 교사의 추천사와 면접을 중시한다. 졸업생, 교사가 면접위원으로 참여해 1시간 정도의 인터뷰를 진행하고 자기소개서를 통해 학생의 품성과 잠재력을 평가한다. 아무리 성적이 좋은 학생이라도 인터뷰와 자기소개서에서 인성의 결점이 보인다면 절대로 이곳에 입학할 수 없다.

필립스 아카데미는 교육 방법도 남다르다. 모든 과제와 시험에는 정답이 없다. 자신의 생각을 자유롭게 적거나 토론하는 방식으로 진행된다. 성적은 교과서에 없는 응용력, 자신의 주장을 증명하는 능력을 토대로 평가된다. 여가 시간에는 자신이 원하는 활동을 자유롭게 할 수 있다. 하키, 수영, 스쿼시, 농구 등 50여 가지 스포츠를 즐길 수 있는 교내 시설도 갖춰져 있다.

우리가 주목해야 할 것은 바로 필립스 아카데미의 교훈인 'Non Sibi'이다. 라틴어인 'Non Sibi'는 영어로 'Not for Self'라는 뜻으로, 우리말로 옮기면 '나 자신을 위해서가 아닌'이라는 뜻이 된다. 미국 최고의 명문 고등학교다운 교훈이라고 할 수 있다. 대개의 교훈이 그저 보여 주기 식의 문구에 지나지 않는 것과 달리, 필립스 아카데미에서는 'Non Sibi'의 정신을 실천하기 위해 많은 노력을 기울인다. 학생들은 교훈을 실천하기 위해 스스로 학교 청소를 하거나 도서관 정리를 하고 대외 봉사 활동에 참여하기도 한다.

4년 동안 기숙사에서 생활하며 엄격한 예절 교육을 받고 훌륭한 인성을 지닌 인재로 자라나는 것이다. 그 결과, 필립스 아카데미를 졸업한 학생들의 대부분은 세계 최고의 명문 대학에 진학하고 대학 졸업 후에는 사회 곳곳에서 자신의 능력을 십분 발휘하며 미국이라는 초

강대국을 이끌어나간다.

필립스 아카데미의 사례를 우리가 그대로 따라야 한다는 것은 아니다. 미국과 우리나라는 교육 환경도, 문화도 확연히 다르기 때문이다. 그렇지만 한 가지 놓치지 말아야 할 핵심은 바로 인성에 대한 가치를 우리보다 훨씬 중요하게 생각한다는 점이다. 아무리 공부를 잘하고 똑똑한 사람이라도 인성이 바르지 못하면 성공한 사람이라고 여기지 않는다.

반면 우리는 어떠한가. 인성이 올바르지 않은 사람이라도 돈이 많거나 학벌이 좋다면 그를 성공한 사람이라고 여기지 않는가. 뉴스에 나오는 극악무도한 범죄자들의 사건 사고만이 우리 사회를 병들게 만드는 것이 아니다. 학벌로 사람의 가치를 구분 짓는 행동, 돈이 없다고 무시하는 행동, 지위가 높다고 다른 사람들을 노예처럼 부리는 행동들이 우리 사회의 가장 큰 암 덩어리이다. 이러한 분위기 속에서 제아무리 훌륭한 인성교육을 실시한다고 하더라도 과연 얼마만큼의 효과를 볼 수 있을지 의문이다.

각자의 자리에서 시작하자

교육이 먼저냐 사회 분위기가 먼저냐 하는 식의 논쟁은 불필요하다. 교육계에서는 교육계 나름의 최선을 다하고 사회 분위기를 개선

하기 위해서는 사회 구성원들이 각자의 자리에서 노력해야 한다. 많은 위대한 일이 사소하고 작은 것에서 시작하였듯이 우리도 작은 일부터 발 벗고 나서야 한다.

내가 더 이상 악플로 고통 받는 사람들이 없길 희망하는 마음에 시작한 '선플운동'도 처음에는 작은 몸짓에 지나지 않았다. 강의실에서 학생들과 함께 시작한 운동이 지금은 '선플운동본부'라는 커다란 결실로 자리 잡았다. 우리가 매일 접속하는 인터넷 세상은 알게 모르게 우리 사회와 개인의 삶에 커다란 영향을 미친다.

얼굴이 보이지 않는 상대라고 예의를 차리지 않고 서슴없이 욕을 하는 악플은 모두 그릇된 인성에서 나온다. 인성이 아직 올바르게 형성되지 않은 아이들은 그러한 악플을 고스란히 받아들여 내면화시킨다. 악플이 근절되지 않는다면 인성교육은 무의미해질 것이다.

나는 여전히 진심의 힘을 믿는다.
그리고 선플운동이 그 증거라고 당당하게 말할 수 있다.
악플로 인해 세상을 떠난 한 여가수의 뉴스와
그를 통해 마음 아파하고 다시는 그러한 일이 일어나지 않았으면 좋겠다는 '진심'이
지금의 선플운동의 씨앗이 되었다.

3 장

착한 일은 착한 일을 물고 온다

충격의 그 밤

2007년 1월 밤 〈9시 뉴스〉를 통해 유니라는 젊은 여가수가 악성 댓글에 시달리다 자살했다는 소식을 접했다. 뉴스에서는 그녀에게 집중 포화된 악플이 그녀를 자살로 이끈 것 같다고 전했다. 나는 너무나 큰 충격을 받았다. 어떻게 사람들이 한 사람이 죽음에 이를 때까지 나쁜 말을 쓸 수가 있을까. 보도를 보니 그녀의 미니홈피와 블로그 사진첩에는 차마 입에 담지 못할 욕설과 악성 루머가 가득했다. 그리고 더욱 충격적인 것은 그가 세상을 떠난 이후에도 악플이 지속적으로 달렸다는 사실이다.

교육자로서 가만히 있을 수만은 없었다. 아주 작게라도 무언가를 해야 될 것 같았다. 그래서 내 수업을 받는 570명의 제자에게 악플로 고통 받는 유명인 10명의 홈페이지나 블로그를 방문해, 인신공격성 악플에 대해서는 그것이 왜 잘못되었는지를 적고, 당사자에게는 격려와 용기를 주는 선플을 달아 준 뒤 그 결과물을 제출하라고 했다.

학생들은 갸웃거리면서도 과제 자체를 재미있어 하는 듯했다. 과제이기에 자발적이지는 않았지만 어쨌든 순식간에 인터넷상에 5,700개의 아름다운 댓글이 달렸다. 그때는 이 5,700개의 선플은 570명의 학생 그리고 10명의 연예인에게만 국한된 일이라고 생각했다. 그런데 이 일이 커졌다. "악플이 이렇게 나쁜 건 줄 미처 몰랐다", "선플이 필요하네", "감동적이다" 등 학생들이 달라진 것을 말하기 시작한 것이다.

중요한 것은 수많은 네티즌이 선플을 보았다는 것이다.

대학교 홍보실에 들렀을 때 우연히 우리 대학 출입기자인 〈조선일보〉 박수찬 기자를 만나게 되었다. 학생들에게 선플 과제를 내주었다고 했더니 "멋지네요"라고 말하더니 신문에 이 내용을 기사로 내보냈다. 그러자 여러 언론에 '착한 과제', '좋은 운동', '사회에 꼭 필요한 운동'이라는 기사가 나왔다. 몇몇 신문사에서는 '이 시대에 필요한 운동'이라는 논조로 아예 사고(社告)를 실었다.

당시 나는 2005년부터 추임새 운동이라는 시민운동을 하고 있었다. 이 운동은 한마디로 말해 '발목 잡지 말기 운동'으로 '잘되는 사람이 더욱 잘되도록 응원하자'는 운동이다. 한 번은 미주 한인회장을 한 사람 만났는데, 자신이 회장 출마를 했을 때 상대편 후보가 전혀 근거 없는 내용을 한국 검찰에 투서를 하는 바람에 국내에까지 소환되어

곤혹을 치렀다는 이야기를 했다. 또 두 사람이 공동으로 소유한 건물에서 옆집 주인이 증축을 해달라고 해서, 도장을 찍어 주었는데, 나중에 막상 이쪽에서 증축을 하려고 하니 상대측이 구청에 민원을 넣어 건물을 짓지 못하게 방해한 기사를 접하기도 했다.

2013년 대법원 사법연감에 따르면 법원에서 한 해 659만 건의 소송 사건이 처리되고 있고 이 중 민사 사건이 70%에 이른다고 한다. 가히 소송 공화국이라고 해도 과언이 아니다. 남의 발목을 잡는 일이 아무렇지도 않게 행해지고 있는 것이 안타깝게 느껴졌다. 그래서 '발목 잡지 말기 운동'을 만들었다. '딴지 심보'를 영어로는 crab mentality라고 한다. 이는 바구니에 게(crab)를 넣어 둘 때 한 마리인 경우는 바로 탈출하는데, 두 마리만 넣어 두어도 바구니 밖으로 나올 수 없는 상황을 두고 빗대어 하는 말이다. 한 마리가 밖으로 나오려 하면, 또 다른 한 마리가 잡아당기기 때문이다.

나는 당시에 이 운동에 적합한 명칭을 찾기 위해 고민 중이었다. '발목 잡지 말기', '딴지 걸지 말기 운동', '뒤에서 밀어 주기', '잘되는 사람 더 잘되도록 응원하기' 등 여러 가지 구상을 하던 차에 한 번은 당시의 박범훈 중앙대 총장에게 적절한 명칭을 추천해 달라고 했더니, '추임새 운동'이 어떠냐고 제안해 왔다. 박 총장은 평생 우리 전통 소리의 대중화에 노력해 온 국악인 출신이었다. 추임새는 판소리에서 창자(唱者)가 창을 하는 사이사이에 고수(鼓手)가 '잘한다', '얼씨구', '그렇지', '좋다' 등을 삽입해 가며 창자의 기운을 북돋워 주는 것으로, 내가 하려는 '발목 잡기 대신 칭찬과 격려를 해주자'는 운동에 딱 맞아떨어지는 명칭이었다. 그렇게 해서 '추임새 운동'이라는 명칭이 정해졌다. 나는 이어령 전 문화부 장관, 박범훈 총장, 신상훈 신한은행장을 찾아가 취지를 설명하고 동참을 요청했고, 2006년 9월 6일 신한은행에서 추임새 운동 출범식을 가졌다.

당시 신한은행은 제일은행과의 합병을 앞두고 서로 다른 두 기업 문화의 불협화음 없애기 위해 부심하고 있었다. 나는 신 행장에게 이 시기에 신한은행에서 추임새 운동을 시작하면 좋겠다는 제안을 했고, 이렇게 하여 신한은행에서 기업으로서는 처음으로 '추임새 운동'을 도입, 2006년 9월 6일 '대한민국 기업 추임새 1호' 인증패를 받고 본격적인 추임새 운동을 시작했다. 추임새 운동은 두 은행의 통합으로 인한 갈등을 치유하고 하나로 연착륙시키는 데 큰 도움이 되었다.

그때 시작된 '추임새 운동'은 은행 내 인트라넷에 사이버 추임새 게시판을 운영하는 것이었다. 그때부터 서로 격려와 칭찬을 게시할 수 있는 공간에 수 십만 건의 칭찬 메시지가 올라와 신한은행 기업 문화 운동으로 자리 매김했다. 그 이후에 교통공단, 남원시 등 지방 자치 단체에서도 이 운동에 참여했다.

이 추임새 운동은 2007년 초, 악플로 인한 연예인들의 자살 사건으로 촉발된 새로운 형태의 인터넷 시대의 선플운동으로 진화되었다. 나는 선플 달기 캠페인을 본격적으로 하기 위해서는 우선 악플의 최대 피해자인 연예인들과 함께하는 것이 좋겠다는 생각에서 평소 알고 지내던 몇몇 연예인에게 연락을 했다. 우선 영화배우 안성기 씨에게 연락했더니, 그는 "좋은 생각입니다"라며 흔쾌히 동참해 주었다. 탤런트 유동근 씨와 MC 김제동 씨도 함께했다. 그리고 KBS 〈미녀들의 수다〉에 출연한 몇몇 외국인 패널과 함께 2007년 5월 23일, 프레스 센터에서 선플 달기 운동본부를 발족시켰다.

나의 전작 《어글리 코리언 어글리 아메리칸》에서 말했듯이, 나는 영어뿐 아니라 글로벌 에티켓을 가르치는 사람으로서 남에게 상처 주는 말과 행동에 대해 더욱 주의 깊게 본다. 딴지 걸기, 발목 잡기, 잘되는 사람 저주하기, 질투하기 등으로 인해 많은 상처와 문제가 생겨나는 것을 보고 안타깝게 생각했는데 당시 〈9시 뉴스〉가 선플 달기 운동에 도화선이 되어 준 것이다.

악플을 다는 사람들의 의도를 생각해 봤다. 자신과 아무런 관련도 없는 사람을 향해 왜 그토록 잔인한 말을 쓸까? 이 사람들의 마음에는 무엇이 부족한 걸까? 어떻게 하면 이런 악의 행진을 막을 수 있을까? 그날 밤 받은 충격은 생각의 꼬리의 꼬리를 물고 끝이 나지 않았다.

인터넷 커뮤니티에서 악행을 거듭하는 사람을 만나 보면 내성적이고 조용한 사람이라거나 자존감이 매우 낮았다는 기사를 본 적이 있었지만 여러 사이트를 돌아다니며 악플을 달고 사람이 죽었다고 해도 반성 없이 또 그 자리에 가서 여전히 악플을 다는 사람들의 마음까지 내가 어쩔 도리가 없을 것 같았다. 악을 이기는 가장 강력한 힘은 선에서 나온다는 단순한 명제를 생각했다.

악플을 이기는 것은 선플이다. '착한 말이 가득 달려 있는 댓글 창에 또 나쁜 말을 쓰려고 해도 못 쓰겠지', 혹은 '나쁜 말의 참혹한 도배 글로 인해 극단적인 결정을 하려는 사람이 있다고 해도 단 하나의 선플을 본다면 다른 결정을 할 수 있겠지', '아무 생각이 없이 그저 보고만 있었다고 해도 착한 뜻의 좋은 글이 달려 있으면 동조하는 마음이 생기겠지', '적어도 나쁜 마음은 사라지겠지' 하는 마음으로 선플 달기를 떠올렸다. 밤새 그런 생각으로 학교로 가는 발걸음은 가볍고도 무거웠다.

다음 날 제자들에게 악플을 달아 봤느냐고 물으니 서로 얼굴만 보며 웃었다. 선플을 달아 봤느냐고 하니 선플이 뭐냐고 하며 또 웃었다. 나쁜 댓글이 악플이라면 착한 댓글, 좋은 댓글, 격려, 응원, 칭찬이 있는 댓글이 선플이라고 말해 줬다. 아이들은 악플을 달거나 그냥 방관자이거나 둘 중 하나만 하고 있었다.

선플을 달아 본 경험이 없는 것은 무엇 때문일까? 인터넷상에서는 뜨는 화제를 모으는 것이 이기는 것이고, 착한 말, 좋은 말로는 반응을 모을 수 없다는 것이다. 그리고 얼굴은 물론 아무것도 보이지 않는 세상에서는 아무런 제한 없이 나빠질 수 있다는 사이버 세상의 나쁜 점을 아이들은 먼저 배운 상태였다. 실제로는 결점투성이이지만 남을 함부로 단정 짓고 욕하고 나쁘게 말하는 그 세계에서는 자신이 강자였다.

사이버 세상에서는 나를 제외한 모든 것이 배제의 대상이었다. 내 말에 상처받는 상대방도 관심 밖이었고 그렇게 나쁜 행동을 하는 나를 바라보는 다른 시선 같은 것은 상관없었다. 그저 내가 함부로 막 할 수 있다는 것, 그렇게 나쁜 행동을 종일 해도 실제의 나에게는 어떤 악영향도 없다는 것만 좋았던 것이다.

내가 실제이듯 상대방도 실제의 인간이라는 것은 염두에 없었다. 실제의 사람인 상대가 나의 악플에 생명을 던졌다고 해도 죄책감 같은 것도 없었다. 내가 한 것이 아니라 사이버상의 강자인 누군가가 했다고 생각하면 그만이었다. 이런 세상에서 상대를 이해하고 배려해 격려하고 위로하는 것은 그들의 표현에 따르면 '루저'였다. 착하면 그 세상에서 약자가 되고 마는 것이다.

그런데 그 세상이 그것으로만 끝나지 않는다는 것을 몰랐다. 아니 알려고 하지 않았다. 사람들이 악플만으로 생명을 저버리고 우울증에 빠져 사회에서 모습을 숨겼다. 심한 병을 얻었고 헤어 나올 수 없었다. 보이고 만져지는 이 세상과 마찬가지로 그 세계에서도 착한 것이 이기는 것이고, 착한 마음과 착한 행동이 성공의 시작이자 끝이라는 것을 알려 주고 싶었다. 적게는 착한 댓글도 인터넷 세상에 있다는 것을 알리고 싶었고, 그것을 보는 10명의 연예인만이라도 우울증에서 빠져나오게 하고 싶었다.

그런데 결과는 내 예상보다 훨씬 멀리 날아갔다. 장외 홈런이었다. 우리 모두 착하고 싶었던 그 마음이 소리를 냈다. 착한 성공이 이 세상에 있다는 것이 메아리가 되어 돌아왔다.

착한 일은 착한 일을 물고 온다

대학 강의실에서 시작된 인터넷 문화운동

처음 학생들에게 선플을 달라는 숙제를 내줬을 때 학생들은 어리둥절해했다. '무슨 이런 희한한 숙제가 다 있지?'라는 표정으로 나를 바라봤다. 장난으로 생각하는 학생들도 있어 보였다. 그러나 나는 그날 밤, 충격적인 기사를 접했을 때 느꼈던 감정을 다시 상기시켰다. 다시는 이런 일이 일어나지 않으려면 작은 움직임이라도 필요하다고 역설했다.

내 수업을 듣는 학생들이 악플로 고생하는 연예인들의 기사에 한 개씩의 착한 댓글을 다는 단순한 일이었지만 교육자로서 그만큼의 일이라도 하고 싶었다. 젊은 손에서 나간 나쁜 말이 젊은 생명을 놓게 만드는 일을 두고 볼 수는 없었다. 570명의 학생이 10명의 연예인에게 착한 댓글을 달았다. 망망대해에 작은 돌멩이 하나라도 던진 것이었다면 좋겠다고 생각했다.

학생들은 내 예상대로 처음엔 별다른 생각 없이 숙제를 하기 시작했다. 어려운 일이 아니니 그들도 그렇게 중요한 일이라 생각하지 못했을 것이다. 그런데 숙제를 한 학생들의 마음에서부터 변화가 일어날 줄은 나도, 학생들도 생각하지 못했다.

선한 댓글을 다는 간단한 일을 하면서 학생들은 우선 악플을 읽고 글을 올린 악플러에게 왜 그 악플이 잘못된 것인지를 알려 주어야 했다. 그러기 위해서는 악플 내용을 자세히 읽어 내용을 파악해야 한다. 그러는 동안, '아, 인간이 시기 질투를 하면 이렇게까지 악해질 수 있구나'라는 사실을 알게 되었다고 했다. 악성 댓글로 인해 또래의 젊은 이들이 생명까지 버리는 현실을 보고 악플을 보고 그냥 지나치는 것은 그 내용에 동조하는 '묵시적 공범'이라는 생각을 갖게 되었다는 학생도 있었다. 마치 서울의 지하철에서 많은 사람들이 보는 앞에서 여성을 추행하는 범죄자를 보고서도 못 본 체하면서 스마트폰만 들여다보거나 초점 없이 다른 곳을 응시하는 것처럼 말이다.

두 번째로, 악플에 시달리는 연예인들을 응원하기 위해서는 해당 연예인들에게 조금 더 관심을 갖고 그들의 장점을 발견하는 것이 먼저였다. 학생들은 자신들이 발견한 장점들을 토대로 선플을 달고 보니 왠지 모를 뿌듯함에 기분이 좋아지기까지 했다. 악플을 받고 고통스러워할 연예인들의 마음이 이해가 되면서 그들의 고통이 남 일같이 느껴지지 않았다는 학생들도 있었다. 여러 가지 반응이 있었지만 공통된 반응은 어떤 이유에서건 더 이상 악플을 달지 않겠다는 것이었다.

570명의 손이 만들어 낸 작은 변화는 학생들의 내면뿐 아니라 다른 네티즌들에게도 번지기 시작했다. 여러 악플 사이에 핀 정성이 담긴 선한 답글들을 보면서 악플을 쓰려 했던 네티즌들이 마음을 돌리는 일도 많이 일어났다. 연예인들을 욕하기만 하던 답글들이 연예인을 옹호하고 칭찬하는 답글들로 나뉘고 있었다. 악의적인 내용만 가득한 인터넷 세상이 조금씩 정화되고 있는 것 같은 느낌도 들었다.

평생을 홀로 살면서 김밥을 팔아 번 14억 원을 한국외대에 기부한 조명덕 할머니의 기사에 '정신 차리세요. 할머니', '아들 잘 보이려고? 무슨 의도냐…', '하려면 끝까지 안 보이게 해야지, 드러내는 순간 별로' 등의 악플이 올라오기도 했다. 또 뇌성마비 부부가 예쁜 딸아이를 출산했다는 기사에 '본인들이 애 낳지 않아도 인류 멸망하지 않는다'라는 악플이 올라오기도 했다. 그러나 이러한 악플 아래에 선플들이 달리기 시작했다.

조명덕 할머니의 기사에는 '평생 모은 돈을 대학생들을 위해 기부하는 것이 아무나 가능한 일인가?', '멋진 분, 할머니 덕분에 세상이 살 만합니다', '악플러들은 정신 차려라'라는 글이 올라왔다.

뇌성마비 부부의 기사에도 '이 부부의 용기에 제 자신이 초라해집니다', '건강하게 잘 키우세요'라는 선플이 달렸다. 이러한 선플은 악플 일색이던 게시판의 분위기를 반전시키고 건전한 토론 문화를 만드는 힘이 있다.

더 이상 악플로 인해 고통 받는 사람들이 없었으면 좋겠다는 단순한 생각에서 출발한 선플 달기가 인터넷 문화를 바꾸고 있었다. 나조차도 예상하지 못했던 결과에 당황스러우면서도 가슴속에 무언가 뭉클한 느낌이 들었다. 지금 시대에 꼭 필요한 운동이라는 확신도 생겼다. 언론의 응원에 힘을 얻는 나는 본격적으로 선플운동을 구상했다. 비방 대신 응원하는 댓글을 달자는 운동을 시작하자, 어느 중학교 교사가 내게 "원래 제가 하고 싶은 운동이었는데 선생님이 먼저 시작하셨군요"라고 말했다. 언론뿐 아니라 각계각층의 사람들이 이 운동을 향해 칭찬과 격려를 아끼지 않았다. 그분들의 칭찬과 응원 덕분으로 선플운동은 날개를 달았다. 나는 선플 달기 운동을 시작하면서 사람들의 칭찬과 응원이 좋아서 한 일이라고 해도 과언이 아니다. 응원을 받으니 더욱 기운이 났다. 악플 대신 선플이 달릴 때 연예인들의 마음도 간접적으로 경험할 수 있는 것 같았다.

나는 지금, 이 시대에 분명히 필요한 일이라는 생각으로 선플운동을 만들었고, 보다 많은 사람이 진심으로 동참해 열정적으로 활동할 수 있는 장을 마련했다. 내 개인의 안타까운 감정으로 시작된 숙제 하나가 인터넷을 타고 많은 사람의 마음을 움직여 그 세상을 따뜻하게 불을 지피는 문화운동이 된 것이다.

전국적 인터넷 문화운동으로 발돋움한 선플운동의 힘이 무엇인지 지금도 종종 생각해 본다. 선플운동의 힘은 역시 칭찬과 응원이다. 우리는 흔히 칭찬의 힘을 과소평가하지만, 칭찬도 결국 하나의 보상이다. 그것도 돈 안 드는 공짜 보상 말이다. 하는 사람은 힘 들이지 않고 줄 수 있고, 받는 사람은 큰 부담 없이 받을 수 있는 세상에서 가장 멋진 보상이다.

세상의 수많은 대상을 보상으로 사용할 수 있지만 칭찬만큼 모든 사람이 좋아할 만한 보상은 없다. 성공한 대기업 사장도, 100세 노인도, 코흘리개 어린아이도 칭찬을 좋아한다. 내가 살아오는 데에도 역시 칭찬과 응원이 큰 힘이 되었다. 내가 쓴 생활 영어책들을 읽어 준 100만 독자의 응원과 지지는 지금까지 내게 큰 감동으로 남아 있다.

칭찬의 가장 큰 장점은 받은 사람이 꼭 누군가에게 돌려주게 되어 있다는 점이다. 나 역시 나를 지지해 준 수많은 사람들에게 보답하고 싶다. 그들에게 보답하기 위한 가장 좋은 방법이 '선플운동'이라고 생각한다. 선플을 통해 좀 더 건전하고 깨끗한 인터넷 문화가 정착된다면 나를 열심히 응원해 준 그들에게도, 나에게도 작은 '보상'이 되지 않을까. 나는 단지 숙제를 내주는 것이지만, 학생들도 숙제이기 때문에 일상적으로 수행하는 것이겠지만 결과적으로는 학생들 스스로 깨닫게 되는 동기가 되었을 것이다.

예상은 틀리지 않았다. 570명의 학생이 악플이 많이 달리는 10명의 연예인의 기사에 10개의 댓글들을 다는 일은 그야말로 누워서 떡 먹기였지만 그 안에는 엄청난 긍정의 에너지가 내포되어 있었다. 그저 무턱대고 '힘내라', '응원한다'라고 쓸 수도 있지만 격려를 하기 위해 넓은 이해의 폭으로 메시지를 고르면서 학생들은 자신이 변화됨을 자신도 모르는 사이에 느낄 수 있었을 것이다.

젊음의 진실과 힘

진심은 통한다는 말이 있지만 우리는 오히려 진심이 무시당하기 쉬운 세상에 살고 있다. 진심을 보이는 상대를 깔보고 무시하며 이용하려 드는 나쁜 사람들 때문에 진심의 가치가 그 빛을 잃고 있어 참으로 안타깝다.

그러나 나는 여전히 진심의 힘을 믿는다. 그리고 선플운동이 그 증거라고 당당하게 말할 수 있다. 악플로 인해 세상을 떠난 한 여가수의 뉴스와 그를 통해 마음 아파하고 다시는 그러한 일이 일어나지 않았으면 좋겠다는 '진심'이 지금의 선플운동의 씨앗이 되었다. 선플운동이 전국적인 인터넷 문화운동이 된 원동력도 물론 이러한 진심이 담겼기 때문이다. 많은 사람이 칭찬과 응원을 하는 운동을 이끌어 가는 데에는 많은 시간과 돈이 들어간다.

사실 나로서도 부담이 되는 힘든 일이었다. 그러나 내가 처음 마음 먹었던 진심과 그 진심을 알아 준 사람들의 진심이 모여 하나의 에너지가 되었다. 선플운동을 하다 보면 사람들의 눈빛이 달라지는 것을 볼 수 있다. 나는 그것을 '진심이 담긴 눈'이라고 생각한다. 진정으로 선플운동에 공감한 사람들만이 가질 수 있는 눈이다. 이러한 '진심이 담긴 눈'을 가진 사람들이 하나둘 늘어 가면서 선플운동은 폭발적으로 발전할 수 있었다.

진심의 힘은 강력하다. 진심으로 썼기 때문에 선플에 힘이 생겼는지 선플을 써서 달다 보니 진심이 되었는지 그 선후 관계는 잘 모르겠다. 결과적으로는 선플을 달기 시작한 곳, 특히 그 연령이 어려질수록 크게 변화했다는 사실이다. 선플운동을 열심히 동참한 학교에서는 학교 폭력이 사라진다는 결과에 나는 깜짝 놀랐다. 그만큼 순수한 젊음들이고 순수한 진심이라는 증거였다.

학생들은 연예인에게 선플을 다는 것에 그치지 않고 친구들과의 SNS 대화 창에서도 선플의 힘을 보여 줬다. 좋은 점을 더 크게 보고 그것을 격려하고 칭찬하는 자신이 좋게 느껴진 것이다. 괜한 비판, 이유 없는 비난, 조롱과 야유를 하면 자신이 느끼지도 못하는 상태에서 괜히 폭력적으로 변해 갔는데 선플 몇 개를 달면서 자신의 좋은 점이 극대화된 것이다. 아이들은 처음에는 서로에게 쏟아진 칭찬과 격려를 쑥스러워하고 놀려 댔지만 결국 친구들의 응원 속에서 무언가 이뤄 내는 것에 대한 에너지를 어렴풋하게나마 느끼는 것 같았다.

진심이 담긴 선한 일의 효과는 참으로 놀라웠다. 선플이 학생들의 인성을 바꾸고 있었다. 울산교육청의 보도자료에 따르면, 학생들을 대상으로 선플운동을 진행한 결과, 2013년 3월부터 7월까지 울산 지역 초·중·고등학교에서 학교 폭력 건수가 64% 감소했다고 한다. 또한 언어폭력 피해율이 선플 달기 운동을 시작하기 전에는 40.7%에 달했는데, 선플 달기 운동을 한 이후에는 5.6%로 감소되었다고 한다.

수십 년 동안 수많은 방법을 동원해도 해결하지 못했던 문제가 단지 선플을 다는 것만으로 해결되고 있는 것이다. 선플운동의 효과에 힘입어 선플 지도 교사까지 등장했다. 현재 선플 지도 교사가 등록되어 있는 학교는 1,600여 개가 있고, 전국의 6천여 개의 학교에서 약 50만 명이 선플운동에 동참하고 있다.

선플을 다는 과정을 통해 인터넷 문화는 물론 사람들의 마음까지 변화시키는 것이 바로 선플의 힘이다. 그래서 일부 학생들은 봉사 시간을 신청하기 위해 선플 달기를 시작했지만 선플 달기에 대한 엄격한 지침을 따르며 자신들이 변화되었다.

학생들은 단순히 '엄마 사랑해요', '친구야 좋아한다', '선생님 존경합니다'라고 쓰는 게 아니라, 인터넷이나 SNS에서 악플 달린 기사를 검색한 후에 그 기사와 악플을 읽고, 건전한 비판이 아닌 인신 공격적 악플에 대한 자신의 생각을 정리한 뒤 악플러에게는 그 글이 왜 악플인지를 쓰고, 악플이 달린 사람에게는 응원을 하는 글을 쓰는 이러한 일련의 행위를 통해 스스로가 다른 사람들을 위해 무언가를 할 수 있다는 자부심을 느꼈을 것이다. 쓰레기를 주워 본 어린이들이 더 이상 쓰레기를 버리지 않고 환경의 소중함을 알게 되듯이, 선플 달기를 시작하면 자연스럽게 악플과 멀어지고 진심을 담은 선플만을 쓰게 된다. 그것이 내가 생각하는 선플과 진심의 힘이다.

선플 달기 운동은 시작한 지 7년 만에 선플 600만 개라는 1차 목표를 달성했다. 1,000만 선플도 머지 않아 이뤄질 목표라 믿는다. 얼마 전 내가 선플운동을 처음 시작할 때 함께 협의를 했고 나에게 조언을 주었던 한 일간지 기자를 만났더니, 그가 내게 이렇게 말했다.

"교수님이 처음에 선플운동을 한다기에 몇 번 하다가 그만둘 줄 알았는데 지금까지 열정적으로 하시네요. 존경합니다."

칭찬의 말이었다. 나는 웃었다. 또 어떤 이는 "착한 일도 용기가 있어야 하는데 대단하십니다"라고 말했고, 어떤 사람은 "선플의 수익 구조가 무엇입니까?"라고 물었다. 나는 이렇게 답했다.

"없습니다. 선플운동은 돈이 들어가는 봉사입니다".

아마 주위의 많은 사람이 그렇게 생각했을 것이다. 몇 번 하다가 지쳐서 그만둘 거라고.

세상에서 처음 하는 일은 외롭고 지루하다. 자문을 해주는 사람도 없고 참고할 만한 자료도 없다. 하지만 나는 더욱 신난다. 아무도 해보지 않은 일을 한다는 것은 얼마나 신나는 일인가! 나는 진심으로 하는 일은 사람들이 언젠가는 알게 된다고. 나는 끝까지 해야 한다고 생각한다. 나는 주차장에서 '만차'라고 쓰인 곳에는 무조건 들어가 본다. 주차 공간이 없거나 방금 빠져나간 누군가의 공간이 있거나 확률은 5대 5이다.

나는 항상 기회가 있다는 것을 안다. 끝까지 해봐야 한다. 언젠가 통한다. 해보면 안다.

4

좋은 일은 좋은 일을 물고 온다

대전의 우송중학교 학생들이 수학여행을 가고 있었다. 답답한 일상을 벗어나 친구들과 함께 놀 생각에 들뜰 대로 들뜬 학생들을 태운 버스가 15m 아래의 낭떠러지로 추락했다. 불의의 사고로 여러 학생이 다쳤다. 대부분의 학생이 가벼운 상처만 입어 간단하게 치료를 받고 가족 곁으로 돌아왔지만 재윤이는 많이 다쳤다. 중상을 입은 재윤이는 의식을 찾지 못했다. 인공 호흡기에 의존하여 자리에서 일어나지 못하는 재윤이를 위해 우송중학교의 학생들은 친구를 위한 선플 메시지를 작성하기 시작했다.

선플운동본부 홈페이지와 우송중학교 홈페이지를 통해 쾌유를 비는 선플이 줄을 이었다. 나는 재윤이 담임 선생님과 함께 재윤이가 누워 있는 대전의 한 병원을 찾았다. 재윤이는 의식을 잃은 채 인공 호흡기를 통해 어렵게 호흡하고 있었다. 재윤이 곁에는 어머니가 아들을 지키고 있었다. 어머니에게 "재윤이가 차도가 좀 있는지요? 얼마나 힘드시겠습니까?"라고 묻자, 어머니는 "좋아지고 있습니다. 주위에서 많이 위로해 주셔서 큰 위안이 되고 있습니다. 특히 친구들이 많이 격려해 주고 있어요"라고 대답했다. 머리맡에는 친구들의 격려의 메세지가 담긴 수많은 포스트잇이 붙어 있었다.

수업이 끝나면 친구들이 찾아와서 재윤이에게 "재윤아 학교에 가자. 일어나서 놀러 가자. 재윤아, 너는 해낼 수 있어" 등과 같은 응원의 말을 전했다. 그때마다 어머니는 눈물을 보였다. 그리고 얼마 지나지 않아 기적이 일어났다. 전혀 의식이 없던 재윤이가 조금씩 움직였다. 어머니가 "친구가 찾아왔는데 내 말을 알아들으면 눈을 깜빡여 봐라"라고 말하면, 눈을 깜박이기도 했다.

생존 가능성이 1%밖에 되지 않는다는 의사의 말이 무색하게 지금은 인공 호흡기를 제거하고 스스로 호흡할 정도로 좋아졌다. 의료진은 기적이라 말했고 모두 놀랐지만 아이들은 놀라지 않았다. 친구가 일어날 것이라는 강한 믿음을 가지고 있었기 때문이다. 친구들의 격려가 담긴 선플이 의술과 함께 이뤄 낸 기적이었다.

기적은 거기서 그치지 않았다. 재윤이를 위해 선플 달기를 하는 과정에서 선플의 힘과 악플의 폐해를 알게 된 우송중학교 학생들은 더 이상 악플을 달지 않게 되었다. 선플이 학생들의 마음에도 큰 변화를 가져온 것이다.

우송중학교의 변화와 재윤이의 기적을 바라보면서 나는 '좋은 일은 좋은 일만 몰고 온다'라는 말을 떠올렸다. 나는 전부터 남을 위해 선한 의도로 시작한 일에는 말로는 설명하기 어려운 에너지가 있다고 믿고 있다. 그 에너지는 전염성이 강해 많은 사람에게 선한 일을 하도록 계기를 만들어 준다. 내면에 남을 돕고 싶은 마음을 주위 사람들과의 무한경쟁과 물질만능주의로 인해 꽁꽁 숨기고 사는 사람들이라도 예외가 될 수 없다. 선한 일이 만들어 낸 에너지에 감염되면 마음의 빗장을 풀고 남들에게 손을 내밀게 된다.

결국 이 사회를 좀 더 따뜻하고 아름답게 만드는 것은 한 사람의 선한 일에서부터 시작된다. 요즘 아이들의 인성이 나빠지는 것이 대면 소통보다는 인터넷 통신망을 기반으로 하는 SNS 등으로 소통하기 때문이라는 연구 발표가 있었다. 자못 이해가 간다. 말은 그 사람의 인격 형성에 영향을 미친다. 그런데 인터넷으로 소통하는 사람들은 자신이 하는 말이 상대에게 어떤 상처를 주는지를 알지 못하기에 직접적으로 얼굴을 맞대고는 하기 힘들 격한 언어들을 반복적으로 아무 거리낌 없이 쏟아 낸다. 이러한 언어 습관으로 인해 나쁜 인성이 굳어지는 것은 당연하다.

인터넷이 발달하기 이전 시대에는 어려서부터 실제적으로 부딪히면 내가 나쁜 말을 하면 상대방이 슬퍼하거나 속상해하고 그런 관계를 보는 제3자가 나를 나쁘게 평가한다는 것 또한 배울 수 있었다. 그런데 이제 그런 관계보다는 일방적으로 개인의 의사를 전달하는 데 그치거나 쌍방향 소통을 해도 이모티콘으로 감정을 나타내는 게 전부이다. 내가 한 말이 상대에게 어떤 영향을 미치는지는 보이지 않는다. 다만 내가 한 말만 보인다. 장난이었다고 하면 끝이다. 상대방이 불쾌한 반응을 보이면 이런 말에 삐치느냐고 조롱하는 것으로 확인 사살하듯 한 번 더 끝을 낸다. 대면 관계가 아니다 보니 학습된 사과와 화해의 과정을 아예 모른다.

비판을 하면 예리하고 날카로워 보이고 칭찬과 격려를 하면 뭔가 부족해 보인다고 한다. 몇 줄 쓴 댓글이 인터넷 세상에서의 내 얼굴이니 강하고 세 보이기를 원하는 것이다. 실제와는 아무 상관이 없다. 그 세상에서만 내가 그렇게 보이면 된다. 상대방은 애초에 고려의 대상조차 되지 않는다. 그 세상에서 상대의 아픔 따위는 보이지 않으니까. 그러므로 인터넷 세상만으로 관계가 이뤄지면 인간성은 퇴화될 수밖에 없다.

좋은 것이 아름답고, 착하고 따뜻한 것이 미덕이라는 인간관계의 기본조차도 무너지고 없다. 이런 상황에서 선플운동은 가슴에 뜨거운 불을 지폈다. 착한 말, 좋은 말을 쓰니 내 마음이 편해졌다. 그리고 그 말로 사경을 헤매던 친구가 살아나고 있다. 그 모습을 보고 있는 많은 친구가 나처럼 응원을 보냈다. 내가 아파도, 의료진이 포기해도 친구들의 힘으로 살아날 수도 있다는 믿음의 무게가 더해졌다. 친구들이, 사회가 따뜻하게 느껴졌다. 그리고 더 착하고 좋은 사람이 되어야겠다는 다짐이 자연스럽게 생겨났다.

나는 아이들이 만든 선순환을 목격했다. 보다 많은 사람이 선한 일을 하기 위해서는 나부터 작은 일이라도 남들을 위한 행동을 해야 한다는 다짐이 확고해졌다.

'좋은 일은 좋은 일만 몰고 온다'는 말은 개인에게도 해당한다. 내가 처음 선플운동을 시작할 때만 해도 돈과 시간이 많이 들어가는 그런 일에 왜 이렇게 발 벗고 나서느냐고 농담을 던지듯 부정적으로 말하는 사람이 종종 있었다. 그들이 보기에는 남을 위해 자기의 시간과 돈을 투자하는 내가 한심하게 보였을지 모른다. 그러나 나는 남을 위한 일이 결국은 나에게도 큰 도움이 되는 일이라는 것을 잘 안다. 선한 일이 만들어 내는 엄청난 에너지의 힘도 믿고 있었다. 내 소신을 지켜가며 꿋꿋하게 선플운동을 고집한 결과, 지금과 같은 인터넷상의 언어 개선 문화운동으로 발전할 수 있었고 덕분에 나도 그만큼 큰 보람을 느낀다.

많은 사람이 당장 눈앞의 작은 성공에 눈이 멀어 정작 저 멀리 있는 더 큰 성공을 보지 못한다. 더 큰 성공을 하기 위해서는 나를 위한 투자는 물론, 남을 위한 노력도 아끼지 말아야 한다. 좋은 일들이 쌓이고 쌓이면 좋은 일이 만들어 내는 에너지 또한 커지는 법이다. 커질 대로 커진 에너지는 결국 나에게 돌아온다. 나뿐 아니라 내 주변과 사회에도 큰 영향을 미친다.

반면에 남들을 착취하고 속여 가며 이뤄 낸 성공은 오래 가지 못한다. 다른 무엇보다 그런 비겁한 성공에는 자신의 내면이 만족하지 못한다. 주위의 칭찬과 지지를 얻지 못하는 것은 물론이다. 그래서 겉으로는 성공했다고 으스대지만 속으로는 쓸쓸하고 외로워진다. 이런 껍데기뿐인 성공을 바라는 사람은 없을 것이다. 그러니, 지금부터라도 남을 위한 좋은 일들을 해 보면 알게 될 것이다. 나의 모든 것을 내던지고 남을 위해 헌신하라는 말이 아니다. 선플처럼 작은 일이지만 사람들에게 웃음을 주고 자신의 내면까지 성숙하게 만들 수 있는 일들이 많이 있다.

당신도 CNN에 출연할 수 있다

어떻게 하면 CNN에 나올 수 있나요?

나는 건국대학교에서 학생들을 가르치고 있다. 내 수업의 과목은 비즈니스 영어(Business English)이다. 내 수업에서는 중국, 스페인, 독일, 미국, 말레이시아 등 각국에서 온 학생들이 우리 한국 학생들과 함께 공부를 한다. 물론 수업은 100% 영어로 진행된다. 나는 신학기가 시작되면 오리엔테이션 시간에 해당 학기에 배울 내용을 정리해 주면서, 내가 CNN에 출연한 생방송 인터뷰 영상을 보여 준다. 학생들은 신기한 듯 인터뷰를 본 다음 가끔 내게 질문한다.

"어떻게 하면 CNN에 나올 수 있나요?"

전 세계인의 눈과 귀가 되어 주는 CNN에 출연하기란 쉽지 않다. 학생들도 잘 안다는 듯이 웃고 만다. 농담에 가까운 이야기들이 크고 작은 소리로 오고 간다. 내 입에서 정답을 기다리는 눈망울들이 한데 모인다.

"I have a very simple solution for you. First, you need to be very creative and come up with an idea which can help the society. In other words, if your idea is good for others and very creative, you can be on CNN(간단한 방법이 있습니다. 먼저 남을 위한 창의로운 아이디어만 있으면 누구나 CNN에 나올 수 있습니다.)."

내가 이렇게 말하니 한 학생이 한마디 농담을 거든다.

"Sir, it will be easier for me to be on TV by creating trouble than for being a creative person(교수님, 창의로운 일을 하기보다는 사고를 쳐서 나오기가 더 쉬워요.)."

학생의 농담에 강의실은 웃음바다가 되었다. 학생의 말처럼 창의로운 일을 하는 것보다 사고를 쳐서 CNN에 나올 확률이 높을지도 모른다. 그러나 창의롭고 사회에 좋은 일을 하면 CNN에 나온다는 증거가 여기 있었다. 바로 나였다. 나도 내가 CNN에 나올 수 있을 거라는 생각을 해본 적이 없다. 단지 인터넷상에서 악플로 인해 생명을 버리는 젊은이들을 구하자는 거였을 뿐인데, 내가 CNN에 출연하여 선플 운동을 설명하고 있었다.

우리나라 언론이 선플운동을 집중 조명하던 중 외신에서도 큰 관심을 보였다. 인터넷 환경이 유난히 빠르게 발전해 온 우리나라보다는 덜하지만 그들도 발전을 거듭하며 우리가 겪은 문제들을 그들 역시 고스란히 겪는 중이었다. 외신의 칭찬은 훨씬 더 감정적이었다. 자유로운 비판이 자연스러운 그들에게도 이유 없는 비난과 조롱, 인격 침해 등은 역시 문제였던 모양이다. CNN에서 연락이 왔다. 아주 새롭고 매우 의미 있는 운동이라며 취재를 하고 싶다고 했다.

CNN의 유명 앵커인 크리스티 루 스타우트와 서울 시청 앞 광장에서 이루어진 생방송 인터뷰는 내가 CNN에 나오는 화면으로 완성되었다. 안 그래도 키가 큰 그녀 쪽에서 카메라가 돌아 실제보다 훨씬 키 차이가 나 보였다. 게다가 그녀는 아주 높은 구두를 신고 있었다. 적어도 내 눈에는 그렇게 보였다.

그때 만일 국내 TV 매체였다면 카메라 앵글을 중앙으로 맞추어 달라고 요구할 수 있었겠지만 내버려 두었더니, 그런 결과가 나온 것이다. 하지만 오히려 재미있었다. 내가 중요하게 생각한 것은 선플운동을 주목한 세계의 관심이었다. 단순히 대학 과제로부터 시작한 일이 나를 CNN과 인터뷰를 하는 대단한 사람으로 만들어 준 것이다. CNN뿐 아니라 영국의 BBC, 독일의 시사 주간지인 〈슈피겔〉에서도 선플운동에 대해 관심을 가지고 취재를 했다. 인터넷 악플 문제는 한국만이 아니라 인터넷을 사용하는 모든 나라의 문제였기에 가능한 일이었다.

세계가 공감한 선플운동

선플운동이 세계적인 관심을 갖게 되면서 내가 내심 걱정했던 것은 유독 우리나라만 유명인에 대한 악플이 창궐해 그들을 죽음으로 내몰았다는 식으로 비춰질까에 관한 것이었다. IT에 관해서는 세계 최강인 우리나라가 먼저 겪게 된 것일 뿐, 인터넷이 발달하고 사람 사이의 소통에 있어 인터넷이라는 매개체가 삶 속으로 깊숙이 들어오면 어느 나라나 당하게 될 문제인데 우리나라의 국민성이나 민족성이 괜한 단두대 위에 오르는 것은 아닐까 걱정스러웠다. 그러나 세계 언론과의 인터뷰를 계기로 해외에서 악플로 인해 발생한 사건들에 대해서도 이야기를 나누며 걱정을 내려놓았다.

이탈리아에서는 14세 암네시아라는 소녀가 남자친구와 헤어진 후에 SNS에 들어가 이런 경우에 어떻게 해야 할지를 물었다가 '죽어라', '아무도 너 같은 거랑은 사귀고 싶지 않을 거야'라는 식의 조롱과 악의로 가득한 댓글을 보고 충격을 받아 고층 빌딩에서 뛰어내렸다.

미국 신시내티에 살고 있던 18세의 소녀 제시카 로건은 남자친구에게 자신의 신체 사진을 전송했는데 남자친구가 헤어진 뒤 신시내티 전역 학교에 그 사진을 뿌렸다. 이와 관련한 악플이 지속적으로 올라오자 제시카는 스스로 목숨을 끊고 세상을 떠났다.

우리보다 더욱 폐쇄적인 인터넷 환경과 이지메 등이 사회 문제가 되었던 일본은 말할 것도 없었다. 세계 각지의 인터넷상에서 발생하고 있는 사연들에 안타까움을 금할 수 없었다. 그리고 내가 하고 있는 선플운동의 중요성을 다시 한 번 되새기게 되었다. 선플운동이 세계에 널리 퍼졌으면 좋겠다는 원대한 목표도 자연스럽게 세워졌다. 우리나라에서는 수치상으로도 효과가 있음이 확인되었지만 무엇보다 이전과는 확실하게 달라진 아이들의 눈빛을 통해 선플운동의 효과를 확실히 증명할 수 있었다. 이에 선플운동이 전국적으로 확산되었다. 우리나라는 뭐든지 빠르다.

아이들은 선플운동을 하면서 학교 폭력이 줄었다고 했고, 대학생들은 아무렇지 않게 넘기던 악플 밑에 응원의 선플을 달고 싶어졌다고 전해 왔다. 순항 중인 한국의 선플운동의 경험으로 나는 중국에 선플을 전파하기 위해 문을 두드리게 되었고 중국에서 큰 호응을 얻었다. 평생 한 번 만나 보기도 어려운 중국의 관료들이 나를 귀한 친구로 대접해 주었다.

내가 CNN과 인터뷰를 하고, 중국에서 귀한 대접을 받을 수 있었던 이유는 인터넷상에서 생명을 구하는 일을 하기 때문이다. 다른 나라 사람들의 관심을 받기 위해서는 세계에서 손꼽히는 부자가 되거나 세계 최고의 예술가가 되거나 대형 사고를 치는 방법밖에는 없었을 것이다. 선한 의도와 창의력, 열정만 있다면 CNN과의 인터뷰도 얼마든지 가능하다. 더욱이 나보다 젊고 의욕 넘치는 젊은이들이라면 그 가능성은 더더욱 높다.

나는 아직도 학생들에게 CNN에 출연할 수 있는 방법에 대한 질문을 던진다. 학생들의 대답은 역시나 부정적이다. 하지만 나는 오늘도 당당하게 "창의롭고 자신이 아닌 다른 사람을 위한 일을 하라 그러면 CNN에 나올 수 있다"라고 말한다. 내 말을 듣고 단 한 명이라도 멋진 야망을 가질 수 있기를 바라면서 말이다.

착하면 유명해진다. 이것은 확실하다.

대한민국 한복판, 선플의 메아리가 울려 퍼지다

선플운동, 날개를 달다

선플은 날개를 달았다. 착한 날갯짓이라서인지 순식간에 멀리 훨 훨 날았다. 처음 대학교 강의실에서 570명의 학생과 함께 시작한 선 플운동이 이제 국민적 인터넷 문화운동으로 자리매김하게 되었다.

2010년 5월에는 민간에서 시작된 인터넷 문화운동인 선플운동이 행자부의 참여로 추동력을 얻게 되어 전국을 6개 권역으로 나누어 수 도권(서울), 강원권(춘천), 호남권(전주), 제주권(제주), 충청권(대전), 영 남권(부산)에서 1만여 명의 학생과 교사가 참여하는 '선플 달기 전국 릴레이 캠페인'까지 개최되었다.

선플운동은 청소년들의 인터넷 문화운동으로 발전하기도 했다. 선플운동본부에서는 초·중·고등학교에서 교사의 지도하에 선플 누리단을 조직하여 선플 교육과 교내외 선플 캠페인 활동 등을 지속적으로 전개하고 있다.

또한 선플운동과 기부 문화 확산을 위한 '선플 기부 캠페인'도 펼치고 있다. 학생들이 선플 게시판에 선플을 한 개 달 때마다 10원씩 적립되어 모범 선플 학생과 불우 청소년을 위한 장학기금으로 사용되는 새로운 방식의 기부 캠페인이다. 이러한 선플 달기 캠페인을 통해 가장 많은 변화가 생긴 것은 바로 참가자인 청소년들이었다.

선플 누리단 활동 전 악플을 달아 본 적이 있는 학생의 비율이 25.2%에 달했지만, 선플 활동을 한 후 인터넷 게시판에 악플을 쓰는 학생이 3.1%로 크게 줄어들었다. 선플 활동이 건전한 언어 습관을 갖는 데 도움이 되느냐는 질문에 60%에 달하는 학생이 그렇다고 답해 인터넷상의 건전한 언어 습관 형성에 도움이 되었음이 증명되었다.

울산교육청에서는 선플운동을 실시한 이후 지난해 학교폭력 발생 건수가 64%나 감소했다고 발표했다. 인터넷 악플을 근절하자던 선플운동이 이제는 청소년 언어 문화 개선과 학교폭력 감소에 기여하는 언어 개선 문화운동으로 발전하게 되었다.

이처럼 선플운동이 날개를 달고 비상할 수 있었던 이유는 무엇보다 현재 우리 사회에 가장 큰 문제인 '소통의 부재'와 관련이 깊다. 모든 관계에는 갈등이 있다. 이 갈등을 해소하고 이 갈등으로 빚어진 많은 마찰과 문제를 해결하는 데에는 막대한 사회적 비용이 필요하다. 유치원에 다니는 형제끼리의 말다툼부터 국가 간의 전쟁에 이르기까지 모든 것은 갈등에서 촉발한다. 이 갈등은 소통의 부재와 혼란에서 기인한다.

진짜 소통의 의미는 서로를 이해하기 위해 나누는 언어이다. 여기서의 말은 상대를 이해할 수 있는 유일하고도 절대적인 기호로 작용한다. 그런데 말을 하지 않으면 그 마음은 어떻게 해도 알 수 없다.

미국인 여성과 결혼한 한국인 남성이 1년 만에 이혼했다. 아니 이혼을 당했다는 것이 더욱 정확한 표현이다. 이유는 사랑한다는 말을 하지 않았기 때문이었다. 미국인 아내는 하루에도 여러 차례 "I love you"라는 소리를 들어야 하는데, 무뚝뚝한 한국인 남편이 아무런 감정 표현을 하지 않았기에 애정이 식었다고 판단한 것이다.

뉴욕 식당에서 파트타임으로 버스 보이(bus boy, 접시를 닦는 허드렛일) 일을 하는 한국인 유학생이 그릇을 치우다 떨어뜨려 깨뜨리고 말았다. 이 광경을 지켜보던 매니저에게 아무런 말 없이 미소를 지으면 당장 해고감이다.

실제로 이런 일들이 일어나고 있다. 유학생의 입장에서 미소를 지음으로써 자신이 당황했음을 표현함과 동시에 사과를 했다고 생각하겠지만, 사과의 말을 하지 않으면 상대방이 이해하지 못한다. 반대로 말을 한다 해도 진솔한 소통을 위해서 소용되는 말이 아닌 상대를 자극하거나 자기의 입장만을 고수하려는 말은 안 하니만 못하다. 그런데 이마저도 우리는 대면하지 않고 기계 뒤에 숨어서 몇 가지 기호를 써서 주고받는다. 아니면 얼굴은커녕 이름도 없는 사이버 세상의 누구도, 아무도 아닌 채 말을 내뱉는다. 이렇게 커진 갈등은 싸움을 만들고 상처를 주고받으며 급기야 누군가를 죽음으로 몰고 간다.

팔레스타인과 이스라엘의 전쟁, 우크라이나와 러시아의 전쟁이 벌어진 이유 모두 소통의 부재 때문이다. 우리나라 여야 문제도 마찬가지이다. 특히 사이버 세상의 영향력이 강해질수록 사람들은 익명이라는 가면을 쓰고 점점 더 소통하려 하지 않는다. 소통의 부재는 결국 서로 간의 반목과 질시로 나타난다.

대표적인 예가 바로 '악플'이다. 서로의 입장과 의견을 받아들이지 못하는 것은 물론, 말도 안 되는 이유로 상대방을 비방하는'악플'은 사이버 세상을 넘어서 현실 세계까지 문제의 그늘을 짙게 드리우고 있다. 악플이 새로운 흉기가 된 지금, 선플은 악플을 근절하는 가장 합리적인 대안으로 떠오르고 있다.

광화문 선플 음악회

세월호 사건으로 온 국민의 마음이 모두 가라앉아 버린 2014년 5월, 항상 다양한 행사로 활기 넘치던 광화문 광장은 싸늘하기만 했다. 추모 분위기 때문에 크고 작은 행사들이 모두 취소되었다. 나는 세월호 참사 이전부터 광화문에서 대형 선플 행사를 준비하고 있었다. 선플운동을 좀 더 효과적으로 하기 위해서 온라인뿐 아니라 오프라인에서도 이루어져야 한다는 생각으로 '100만 명 선플 자원 봉사단 출범식'을 갖기로 한 것이다.

나는 기왕이면 출범식을 대한민국 한복판인 광화문에서 하고 싶었다. 어렵게 시청으로부터 광화문 광장 사용 허가를 받아 냈고, 초청 인사들, 학생들, 그리고 음악회 등 모든 행사 준비가 완료된 상태였다. 30분 동안 발대식을 갖고, 나머지 1시간 30분 동안은 '광화문 선플 음악회'를 펼칠 예정이었다.

행사 일정이 이미 잡혔는데 세월호 참사가 터졌다. 이찬성 선플본부 사무국장이 걱정스러운 얼굴로 대형 행사를 할 분위기가 아니라고 조심스럽게 말했다. 교사 회의 때 사람들은 내 눈치를 보았다. 이런 분위기에 잘못했다간 오히려 욕을 먹는 행사가 될 수 있다고 염려한 것이다. 나는 망설였다.

그런데 세월호 사건이 터지자 악플이 기승을 부렸다. '세월호 현장 책임자가 구조와 시신 수습을 막고 있다'거나 세월호 희생자를 어묵으로 비유하는 내용의 악플이 올라왔다. 이때의 악플은 자식을 차디찬 바다에 남겨 둔 부모의 마음에 또 다른 깊은 상처를 주었고 악플러들은 국민의 공분을 사고 있었다.

나는 '이건 정말 아니다'라고 생각하고 행사를 밀어붙이기로 마음을 굳혔다. '모두의 마음이 가라앉았지만 악플을 달지 말자는 선플 캠페인을 누가 반대할 것인가?'라고 판단했다.

행사는 돈이다. 아무리 작은 행사라 하더라도 비용이 든다. 광화문 광장에서의 행사도 마찬가지였다. 나는 한동권 회장을 만나 광화문에서 선플 행사에 대한 지원 요청을 했다. 그는 잠시도 주저 없이 "힘을 보태겠습니다"라고 대답했다. 주위에 돈 자랑하는 사람들도 보았지만, 실제로 좋은 일에 선뜻 기금을 내놓기란 매우 어려운 일이다.

한동권 회장은 미래그룹 회장이다. 미래그룹은 알루미늄을 이용한 첨단 제품을 만드는 회사로, 러시아에까지 공장을 두고 제품을 세계 시장에 파는 수출 주도형 산업을 이끄는 기업이다. 그는 모범적인 기업인으로서 선플 본부의 후원 회장을 맡아 오고 있었다. 이렇게 수도 서울의 중심부인 광화문 광장에서 '100만 선플 자원 봉사단 발대식과 광화문 음악회'가 열렸다. 특히 광화문을 배경으로 이루어진 행사는 대성공이었다.

발대식에는 학생과 교사, 학부모 등 2,000여 명이 참석했다. 또한 당시 마침 시장과 교육감 선거 기간이었던지라 시장 후보들과 교육감 후보들도 참석했다. 선플 광화문 음악회는 선플 국제 친선 대사인 팝페라 가수 이사벨과 알리 등의 유명 가수들의 열창으로 광화문의 실루엣과 함께 감동의 물결을 이루었다.

5월 31일에 열린 행사는 성공적이었다. 세월호 사건 이후 광화문에서 대규모 행사가 열린 것은 100만 선플 자원 봉사단 출범식이 유일했다. 선플운동에 대한 전 국민의 관심이 있었기에 가능한 일이었다. 추모 묵념으로 시작된 선플 음악회를 통해 사람들은 슬픔은 가슴에 묻고 희망을 봐야 한다는 내 목소리에 귀를 기울여 주었다. 선플운동이야말로 우리의 마음을 하나로 모을 수 있는 유일한 시민운동이라는 말로 거리의 시민들이 힘을 모아 주었다.

우리가 들고 있는 해바라기를 바라보는 따뜻한 시선으로 초여름 저녁이 훈훈해졌다. 모두 가라앉아 있었지만 우리는 서로를 보듬을 수 있고 그 위로와 격려의 힘으로 다시 일어서서 앞으로 나아갈 수 있다는 용기를 얻었다. 좋은 의도를 가진 좋은 행동은 좋은 결과를 가져온다는 당연한 선순환이 그날 저녁에도 우리 곁에 와 있었다.

선플운동은 이에 그치지 않고 앞으로 경기, 대구, 부산, 대전, 광주, 춘천 등 전국 주요 도시에서 100만 명 선플 자원 봉사단 출범식을 이어 갈 예정에 있다. 나는 숫자는 중요하지 않다고 말하지만 100만이라는 숫자에 담겨 있는 의미에는 마음을 두고 있다.

현재 전국의 청소년들이 인터넷상에 올린 선플의 개수는 600만 개가 넘었다. 이 글들은 다시 복제되어 선플본부 홈페이지(www.sunfull.or.kr)에 올라와 있다. 위로, 격려, 칭찬이 사이버 세계 곳곳에서 작지만 올곧은 목소리를 내고 있다는 것에 큰 의미를 두고 싶다.

내 수업을 듣는 570명의 학생이 10명의 연예인에게 한 개씩의 착한 댓글을 달며 시작된 일임을 생각할 때면 이 엄청난 변화에 마음이 따뜻해진다. 댓글을 달면서, 받으면서, 보면서 달라진 마음의 변화가 이뤄 낸 성과라는 것에 마음이 뻐근하다.

중국으로 지경을 넓히다

선플운동은 중국 국가 인터넷 정보 판공실과의 연계를 통해 그 무대가 훨씬 넓어졌다. 중국 국가 인터넷 정보 판공실은 중국의 인터넷 정책을 총괄하는 국가부처이다. 2014년에 루웨이 주임(장관급)을 판공실에서 이경재 당시 방송통신위원장과 함께 만났다. 이 위원장이 한국의 선플운동에 대해 상세하게 설명했고, 루웨이 주임이 "선플운동은 중국에서도 꼭 필요한 운동이다"라면서, 나에게 당장 이번 중국 방문 기간에 선플 강연을 해 줄 수 있는지를 물었다. 나는 선플운동을 중국에 소개할 수 있는 절호의 기회라는 생각에 가슴이 벅차 올랐다. 다만 일정상 다음에 북경에 돌아와서 선플 관련 강연을 해 드리겠다고 약속했다.

그 해 11월, 드디어 판공실의 주선으로 북경 어언대학교에서 선플 강연을 하게 되었다. 많은 학생들이 참석한 강연장은 열기의 도가니였다. 강연이 끝나자 한 학생이 나를 찾아왔다. "교수님의 강연을 들으니 긍정적 에너지를 전파하여 중국몽(중국인의 꿈)을 이루자는 시진핑 주석의 주창과 선플운동이 일맥상통합니다. 저도 적극 동참하겠습니다"라고 말했다. 나는 그의 말에 힘이 솟구쳤다. 나도 칭찬을 받으면 신난다. '응원'이야말로 내가 선플운동을 지속하게 만드는 원동력이다.

강연을 온 김에 판공실의 렌치알량 차관과도 면담을 하게 되었다. 한국에서의 선플운동을 소개하고, 중국에서 효과적으로 선플운동을 전파할 수 있는 방안에 대한 내용이었다. 나는 그 자리에서 "얼마 전 서울 광화문 광장에서 100만 명 선플 자원 봉사단 출범식을 가졌는데, 중국에서도 출범식을 하고 싶다"라는 의향을 전했다. 그랬더니 그 자리에 배석한 장쥔 국장이 "중국에서 100만 명은 적은 숫자입니다"라고 웃으면서 말했다. 나는 얼른 10배로 올려서 1,000만 명 발대식을 제안했다. 그는 또다시 얼굴에 미소를 띠며 2,000만 명을 제안했다. 2,000만 명이라니. 나로서는 도저히 믿을 수 없는 숫자였다.

지난 4월 중국 최고의 온라인 경제 분야 언론사인 경제망과 선플 협약식 일정이 잡혔다. 나는 이 기회에 내게 중국에서 2,000만 명 선플 자원 봉사단을 제안한 판공실의 대변인이자 담당 국장인 장쥔 국장을 만나야겠다는 생각이 들었다. '쇠뿔도 단숨에 빼라'는 속담대로 이야기가 나온 김에 바로 실행에 옮겨야겠다는 생각이 들어, 나는 북경으로 향했다. 그러고는 경제망과의 선플 협약식을 마치고 장쥔 국장과 본격적으로 협의에 들어갔다. 선플운동을 중국에서 펼치는 효율적 방안에 대한 논의가 요지였다. 장쥔 국장이 제안했다. 우선 공청단(공산당 청년단 약 9,000만 명), 여성연맹(약 7,000만 명), 중국의 대표 SNS인 웨이보(6억 명 이상) 등 주요 단체를 대상으로 선플운동을 펼치는 것이 좋겠다고 말했다. 나는 그런 기회를 마련해 주면 감사하겠다고 말하고, 5월 23일에 광화문 광장에서 열리는 광화문 선플 행사에 장쥔 국장을 초대했다. 작년에 이어 두 번째인 이 행사는 전국의 청소년 2,000여 명과 중·일 대학생들이 함께 '한·중·일 청소년 선플 평화 선언'을 하고 그 자리에서 선플 문자 보내기를 하기로 해서 어느 때보다 의미가 크다. 북경에서는 내가 작년 말에 강연한 북경 어언대학교 학생들이 모여 한·중·일 선플 선언식과 모바일 선플 문자 보내기에 참여하고, 인민망 TV에서 이를 위성으로 실시간 생중계하기로 했다.

귀국 후 판공실에서 연락이 왔다. 5월 23일 광화문 행사 이전에 북경에서 공청단, 여성연맹, 웨이보 등의 단체에 선플운동을 소개해 달라는 내용이었다. 5월 20일, 중국판 트위터인 웨이보 사에서 중국 네티즌들과 실시간으로 선플 관련 토론회에 참여하고, 21일에는 공청단과 여성연맹 등에서 선플 소개를 하는 일정이었다. 가슴이 벅차 올랐다. 드디어 내가 선플운동을 중국에 본격적으로 소개할 수 있는 최고의 기회가 온 것이다.

나는 바로 북경으로 가 도착하자 마자 웨이보 본사로 갔다. 정문에는 웨이보의 주요 간부들이 나와 있었다. 대부분이 20대의 젊은이들이었다. 이렇게 젊은 사람들이 6억 명의 회원을 보유한 중국 최대의 SNS를 관리한다니 대단하다는 생각이 들었다. 곧 바로 웨이보와 선플운동본부 간의 선플운동 실천 협약식을 가졌다. 이어서 웨이보의 네티즌들과 실시간 토론이 열렸다. "현재 중국은 인터넷상 실명제를 시행하지 않고 있는데, 이런 상황에서 받게 되는 모욕과 악플에 대하여 어떻게 자신의 명예를 지켜야 한다고 생각하십니까?", "악플을 받게 되면 어떻게 자신을 보호해야 하나요?" 등 날카로운 질문들이 실시간으로 올라왔다.

웨이보에서의 토론을 마치고 곧 바로 기자 회견장으로 갔다. 거기에는 9개의 주요 언론사 기자들이 기다리고 있었다. "사실이 아닌 비방에 대해 어떻게 대응해야 하나요?", "공공 문제에 대해서 비판과 비방을 어떻게 구분하나요?", "악플에 대한 법적 규제가 엄격하지 않아서가 아닌가요?" 역시 많은 질문들이 쏟아졌다.

다음 날 아침 10시, 판공실에서 공청단, 여성연맹, 웨이보 등 주요 기관과 언론사의 지도자들을 대상으로 선플운동을 소개할 기회가 있었다. 그들은 선플운동이 한국에서 어떻게 진행되고 있는지, 어떻게 중국에 효과적으로 소개할 수 있는지에 대한 날카로운 질문들을 많이 해 왔다.

23일, 드디어 광화문 한복판에서 한·중·일 선플 평화 선언식이 열렸다. 나는 아침 일찍부터 학생들과 함께 동대문에서부터 광화문 광장까지 진행된 '선플 워킹 대회'에 참가했다. 이 대회는 스마트폰 사용으로 거북목 증후군, 손목터널증후군 등을 앓고 있는 모바일 세대에게 바른 자세로 걷고, 체조를 통해 자세 교정을 하자는 홍보를 위한 행사였다.

선플 워킹의 기본 자세는 뒷짐을 지듯 양손을 뒤로 모아 손을 맞잡은 채 어깨를 활짝 펴고 걷는 방식이다. 이 선플 워킹은 조선시대 양반걸음의 뒷짐을 지고, 가슴을 활짝 펴고, 고개를 곧게 들어 앞을 보며 걷는 걸음에서 유래를 찾을 수 있다. 다만 느릿느릿한 팔자걸음 대신 빠르게 11자로 걷는 것이 양반걸음과의 차이점이다. 선플 워킹 대회는 생활의학 웰니스 코칭 전문가인 정은채 교수가 제안하였고, 선플 재단에서 양반걸음에 대한 배경을 접목시켰다.

이어 광화문 광장에서 종전 70주년을 맞아 선플운동을 통해 한중 일 청소년들이 한·중·일 평화에 앞장서겠다는 '한·중·일 선플 평화 선언식과 선플 문자 보내기 행사'가 시작 되었다.

추궈홍 주한 중국대사와 김춘진, 민병주, 박창식 국회의원, 장궈 중국 국가 인터넷 정보 판공실 대변인의 축사가 이어졌다. 그 후 '한·중·일 청소년 선플 평화 선언식'이 있었으며, '선플 문자 보내기' 행사에서 학생들이 '한·중·일 3국이 더욱 친하게 지내면 좋겠어요', '선플로 동북아 평화를 기원합니다', '당신을 응원합니다' 등과 같은 평화의 문자를 서로에게 보냈다.

이 행사는 북경 어언대학교와 한국 광화문, 일본 규슈대학교에서 동시에 이루어졌으며, 북경 어언대학교 학생들의 선플 선언식과 선플 문자 보내기는 중국 인민일보 인민망을 통해 위성으로 실시간 광화문 현장에 중계되었다. 응원과 배려의 선플운동을 통해 한·중·일 동아시아의 평화를 이룩하는 데 청소년들이 먼저 앞장서겠다고 선언한 뜻깊은 행사였다.

중국에서 적어도 1억 개를 달아야 한다는 생각으로 저우위보 대표에게 1억 개의 선플 목표를 제안해 둔 상태이다. 가능하다면, 아름다운 광화문을 배경으로 진행되었던 선플 음악회처럼 자금성에서 중국 국민들과 대대적 선플운동을 하고 싶다. 악한 끝은 없어도 착한 끝은 있다는 우리의 옛말이 세계를 움직이는 중인 것이다.

물이선소이불위 물이악소이위지(勿以善小而不爲 勿以惡小而爲之).

중국 한나라의 소열제가 임종을 앞두고 한 말로 '선이 작다고 해서 이를 행하지 아니해서는 안 되고, 악이 작다고 해서 이를 범해서는 안 되느니라'라는 뜻이다. 작은 선이라고 행하는 것이 중요하다는 내 생각도 이와 다르지 않았다.

선플은 메아리가 되었다. 나와 우리 학생들이 서울에서 작은 손을 모아 부른 메아리가 지구촌에서 가장 인구가 많은 중국에서 귀를 울리는 중이다. 서로 칭찬하고 격려하고 응원하는 세상, 사람이라면 모두 꿈꾸는 세상 아니겠는가!

7

착한 고구마 착한 양파 착한 사람

긍정적인 말의 효과

하루는 이찬성 국장이 선플운동본부 사무국으로 양파 자루를 들고 왔다. 테이크아웃 커피 컵에 물을 두고 키워 볼 요량인 것 같았다. 식물도 좋은 말과 나쁜 말의 영향을 받는다고 했다. 나는 양파도 착한 말과 나쁜 말에 영향을 받는지 궁금해졌다. 이 국장은 두 개의 커피 컵에 똑같이 양파를 심고 한쪽에는 계속 양파에게 좋은 말을, 다른 한쪽에는 계속 나쁜 말을 했다. 단순한 호기심으로 시작한 일이었지만 양파가 조금씩 자라면서 극명하게 차이를 보여 얼마나 놀랐는지 모른다. 착하다, 예쁘다, 사랑스럽다 등의 좋은 말만 들은 양파에서는 보기만 해도 기분이 좋아지는 푸른 싹이 텄다.

반면에 나쁘다, 못생겼다, 밉다 등의 나쁜 말만 들은 양파에서는 누런색의 건강해 보이지 않은 싹이, 그것도 비교적 늦게 텄다. 시간이 갈수록 두 양파의 차이는 커지더니 급기야 착한 말만 들은 양파의 싹이 나쁜 말만 들은 양파의 싹보다 두 배 이상으로 길게 자라났다. 알아보니 의외로 이와 비슷한 사례가 많이 있었다. 일부 농가에서는 식물에 클래식 같은 좋은 노래들을 틀어 주는 재배 방법을 사용한다고 한다.

우리가 찾은 여러 사례 중 가장 인상적이었던 것은 축구팀인 포항스틸러스의 '긍정 고구마' 이야기였다. 포항 스틸러스의 숙소 안에는 고구마 화분 2개가 놓여 있는데 우리가 실험했던 것과 마찬가지로 선수들이 숙소를 들고 나면서 한쪽 고구마에는 좋은 말만 해주고, 다른 고구마에는 나쁜 말만 했다. 60일 동안 똑같은 환경에서 똑같은 물을 주고 길렀는데, 좋은 말 고구마는 싱싱한 줄기가 무성하게 자라난 반면, 나쁜 말 고구마는 발육이 현저히 떨어지고 시원찮은 줄기가 자라났다. 선수들은 이 실험을 계기로 긍정적인 태도의 중요성을 깨달았고 이후 팀 동료들에게 불평불만이나 짜증보다는 서로에게 칭찬과 응원을 보내게 되었다.

놀라운 것은 그 후 이전 리그에서 5위였던 포항 스틸러스의 성적이 3위까지 오르더니 나중에는 3년 연속 1위를 하게 되었다는 점이다. 포항 스틸러스 선수들의 변화를 듣고 처음에는 놀라운 이야기라고 생각했지만 조금 더 깊이 생각해 보니 당연하게 느껴졌다. 한낮 고구마도 말에 영향을 받는데 사람이라면 어떻겠나? 말이 가진 힘은 사람의 인생을 뒤바꿔 놓을 수 있을 정도로 크다. 그 대표적인 예가 바로 악플을 포함한 사이버 폭력이다.

초·중·고 학생의 약 30%와 일반인의 약 15%가 타인에게 사이버 폭력을 가한 적이 있고, 우리 국민의 30% 이상이 사이버 폭력의 피해를 받은 경험이 있다는 인터넷 진흥원의 통계가 있다. 현재 악플의 폐해는 연예인, 정치인뿐 아니라 심지어 일반인들과 청소년들에게까지 심각한 수준에 이르고 있다.

2012년 8월에는 한 여고생이 SNS 대화방에서 또래 친구들 16명으로부터 집단 언어폭력을 당하자 견디지 못하고 자신이 살던 아파트 11층에서 뛰어내린 사건이 있었다. 최근 커다란 사회적인 이슈인 학교와 군대에서의 왕따와 폭력도 알고 보면 언어폭력에서 시작된다는 점에서 인터넷상에서의 악의적인 댓글은 문제가 된다.

사이버 폭력의 심각성은 피해자에게만 있는 것은 아니다. 인터넷 진흥원의 설문 조사 결과를 보면 사이버 폭력을 가한 이유가 초등학생은 장난이 45.7%였고, 일반인들은 상대방에게 화가 나서가 41.7%, 장난으로가 37.5%라는 답변이 나왔다. '그냥 장난'으로 했다는 것에 놀라움을 금할 수 없다. 악의적인 의도가 없이도 악의적인 행동을 할 수 있다는 것에 우리는 주목해야 한다. 그야말로 연못으로 그냥 던진 돌에 개구리가 맞아 죽는 꼴인 것이다. 왜 우리는 보이지도 않는 상대에게 나쁜 말을 하는 것일까? 상대에게 나쁜 말을 한다고 해서 내가 좋아지는 것도, 내가 훌륭해 보이는 것도, 내게 이익이 생기는 것도 아닌데 말이다.

악플을 다는 사람들은 자존감이 낮다는 특징이 있다. 자존감이 낮은 사람들이 인터넷이라는 벽 뒤에 숨어서 남들을 헐뜯고 비방하면서 쾌감을 얻는다. 그들은 인터넷 공간에서 순간의 쾌감을 얻지만, 정작 현실 세계와는 점점 더 괴리되고 만다. 이렇게 악순환이 반복되고 더 심한 악플로 이어진다.

그리고 또 눈여겨봐야 할 것은 첫 댓글이 악플로 올라오면 나머지 글들도 악플로 넘쳐 난다는 점이다. 그러나 착한 댓글로 시작한 댓글란은 비교적 선한 댓글이 많다. 착하지 않더라도 온건한 쪽의 댓들이 달린다. 누군가가 악한 글을 달아 놓으면 나도 해도 될 것이라는 생각을 하게 하는 것 같다. 그리고 내가 더 나쁜 말을 쓸 수 있다는 악의성의 우위를 점하고 싶은 것 같다. 아무 의미도 없는, 다만 상대를 공격하고 나쁜 감정만을 갖게 하는 것에도 경쟁을 하는 것이다.

댓글 중에서 긍정적인 글을 쓰는 사람에게는 알바, 시녀, 무수리, 팬 등으로 폄훼해 가며 나쁜 말 무한 경쟁에 돌입한다. 쓰는 사람은 비뚤어진 쾌감, 더 깊이 들어가 보면 낮은 자존감, 열등감의 발로이니 기쁠 것도 없다. 보는 사람에게는 불쾌감을 주고, 받는 사람은 분노와 슬픔을 남기는 이 악순환을 왜 끝지 못할까. 어떻게 하면 막을 수 있을까.

악플 근절을 위한 두 가지 방법

나는 악플을 근절하기 위해서 두 가지 방법을 생각한다. 하나는 청소년들을 대상으로 한 인성교육이다. 그리고 적절한 제도적 장치이다. 운전자의 안전벨트가 좋은 예이다. 과거에는 운전자들이 안전벨트를 잘 매지 않았지만 안전벨트를 매지 않으면 생명을 잃을 수도 있다는 캠페인과 함께 위반자들에게 벌점을 부과하는 제도적 장치가 뒤따랐더니 요즘은 대부분의 운전자가 안전벨트를 맨다.

주목해야 할 점은 안전벨트를 생명을 지켜 주는 생명 벨트로 여기는 것이 벌점이 무섭다는 생각보다 먼저라는 것이다. 이 단계에 이르게 한 것은 캠페인이 주효했고 이제는 거의 모든 운전자가 차를 타면 무의식중에 맨 먼저 안전벨트를 맨다.

선플도 마찬가지이다. 선플을 다는 것이 좋다고 말만하는 사람과 한 번이라도 선플을 달아 본 사람의 차이는 분명하다. 그리고 악플을 다는 사람과 악플 때문에 법적인 제재를 받아 본 사람도 달라진다. 어떤 사람이 장난 삼아 악플을 달았다가 상대방이 법적 조치를 하겠다고 통보하자 이번에는 악플을 달았던 사람이 정신적 고통을 받고 통사정을 하면서 반성하고 있다는 것을 보여 주기 위해 어떻게 하면 좋겠냐는 상담을 선플운동본부에 해오기도 했다. 악플은 받는 사람뿐 아니라 다는 사람에게도 큰 고통을 주고 정신을 피폐하게 만든다.

악플에 관한 법적 제재가 표현의 자유를 억압하는 문제라는 반대 의견도 있다. 하지만 공공장소에서 침을 뱉으면 경범죄 처벌 대상이 되어 3만 원의 벌금을 낸다. 그런데 근거 없는 악플을 다는 것은 공공의 공간인 인터넷상에서 타인의 얼굴에 침을 뱉고 심장에 비수를 꽂는 짓이다. 정신이 혼미한 상태인 새벽 2~3시에 장난 삼아 글을 올렸다는 것은 평계가 될 수 없다. 제재해야 할 이유는 충분하다. 익명성 뒤에 숨어 인면수심의 짓을 저질러도 된다고 하는 생각 자체를 바꿔야 한다.

사회가 더 성숙해져야 한다. 청소년들에 대한 인성교육은 말할 것도 없다. 액정 화면을 쥔 것도 사람이고, 모니터 앞에 앉아 전방을 주시하고 있는 것도 사람이며. 키보드를 누르는 것 또한 사람이다. 사람이 우선시하는 교육, 이것이 먼저 바로 서면 우리 사회에 고쳐야 할 문제는 그리 많지 않을 것이다.

8

중국을 움직인 인터넷 문화운동

인민망 TV에서 강연을 하다

저우위보 대표는 내가 만난 중국인 중 한국어를 가장 잘하는 사람이다. 어떤 경우는 대화를 할 때 나보다 더 적절한 한국어 단어를 찾아낸다. 한자를 기반으로 한 그녀의 한국어에 대한 해박함은 대화 중에 미묘한 표현들을 한국인들보다 더욱 맛깔나게 하는 것으로 바로 감지할 수 있다. 저우위보는 중국 국가 기관지인 인민일보의 뉴스 포털 사이트인 인민망 TV 한국 지국 대표이다. 그녀는 선플운동에 깊은 관심을 보였다.

저우위보 대표로부터 전화가 걸려 왔다.

"인민망 TV 본사에서 민 교수님을 초대하기로 했습니다. 인민망 TV에서 선플 강연을 부탁합니다."

나는 몹시도 기뻤다. 하루 3억 8천만 명이 방문한다는 중국 최대의 뉴스 포털에서 선플운동을 강연한다는 것은 내게 커다란 의미가 있었다. 한국에서 시작된 아주 작은 착한 움직임, 그 아름다운 움직임을 이제 중국에도 소개할 수 있기 때문이다.

중국 최대의 인터넷 언론사 TV에서 한국인으로는 처음으로 강연하게 된다는 것은 자부심만큼이나 부담이 컸다. 선플운동은 당연하고 영어 교육을 하는 민병철이라는 교수 한 사람을 소개하는 것뿐 아니라, 한발 나아가 대한민국을 보여 주는 절호의 기회라는 생각을 하니 한마디 한마디를 고르고 골라 주옥같은 말만 하고 싶었다. 나는 즉시 방송 강연 원고 구성에 들어갔다.

원고는 먼저 내가 대학에서 어떤 강의를 하는지 알리고 다음에 선플에 대해 강연을 하는 것으로 구성하고, 한국어와 영어로 작성했다. 그리고 내가 늘 하듯 훈련에 들어갔다. 나의 강연 준비법은 아주 간단하다.

원고 작성(script writing), 녹음(recording), 녹음기와 함께 동시 말하기 훈련(simultaneous speaking)이다. 말하기는 매일 아침 집 근처의 공터에 가서 소리 내어 연습하는 것으로 훈련한다. 원고를 그냥 읽는 것보다는 녹음기를 틀어 놓고 녹음한 대로 동시에 말하는 훈련법은 내가 터득한 것 중 가장 효과적인 방법이다. 특히 외국어를 배울 때 이 방법은 그야말로 효과 만점인 비법이다.

나는 필요한 내용은 아예 몽땅 외웠다. 외우는 것은 20대를 훌쩍 넘긴지라 쉽지 않을 거라 생각했지만 의외로 빠른 속도로 암기할 수 있었다. 암기가 쉬운 이유는 간단하다. 이건 내 스토리이고, 시간이 촉박했기 때문이다. 나는 필요한 상황이 되면 내 자신에게 절박함을 가한다. 절박함을 느껴야 일이 수월하게 풀리기 때문이다.

몰입이 필요한 때만큼은 나는 '기다리면 되겠지' 또는 '시간이 해결해 주겠지'와 같은 느긋한 생각을 철저하게 배제한다. 또 실시간으로 웨이보를 통해 네티즌의 질문도 있을 것이라고 하니 그것 또한 기대와 염려가 동시에 생겨났다. 나는 자원봉사 대학생, 선플 지도교사 등과 베이징에 도착했다.

저우위보 대표의 상사, 인민망 TV의 편집부 총부국장 샨 청비아오와 환담을 나누는데 그는 선플운동에 관한 관심이 지대했다. 그 저변에는 중국의 인터넷 환경이 하루가 다르게 성장하는 것이 비해 인터넷 에티켓이나 문화는 그 속도에 훨씬 미치지 못한다는 우려가 있었다. 샨 청비아오는 중국에서도 선플 달기 운동이 중국의 인터넷 언어 문화를 개선하는 데 그 효과가 클 것이라며 기대를 보였다.

내 강연은 실시간으로 중계되었다. 192cm의 장신 앵커인 청츠하오의 진행은 매끄러웠다. 나는 어색하지만 녹음까지 해가며 열심히 익힌 몇 개의 중국어 표현을 한국어와 영어에 섞어 가며 강의를 했다.

나의 열정적인 모습 때문이었는지 선플운동에 관한 강의 중 웨이보를 통해 수많은 질문이 올라왔고 중국 네티즌들의 뜨거운 관심을 한 몸에 받는 진귀한 경험을 했다. 질문은 재미있었다. 질문을 보면 중국 네티즌의 생각을 읽을 수 있었다. 그들은 내가 왜 선플운동의 다음 기착지로 중국을 선택했는지 궁금해했다. 한국과 중국은 지역적으로나 문화적으로 아주 가까운 이웃이며 쓰촨성 지진과 세월호 참사로 서로에게 인터넷상으로 보낸 위로가 얼마나 큰 힘이 되었는지를 말했다. 그래서 대한민국에서 시작된 선플운동이 중국 네티즌에게도 좋은 영향을 끼칠 수 있다는 확신으로 그 자리에 섰다고 대답했다.

그들은 내가 중국의 인터넷 환경을 어떻게 생각하고 있는지에 대해서도 질문했다. 중국은 5억 명이 인터넷을 쓰고 있고 4억 명이 스마트폰을 사용하고 있는, 말 그대로 인터넷 대국이다. 특히 중국에서는 젊은이들이 다양한 주제로 왕성한 토론을 한다고 들었다. 이것이야말로 중국이 세계적인 인터넷 강국으로서 더욱더 발전할 수 있는 가장 중요한 기본을 갖추고 있다고 생각하고, 그 수적으로도 이미 세계적인 환경을 가진 곳이라 선플운동이 더 큰 힘을 발휘할 수 있을 것이라고 말했다. 그리고 우리나라에서도 자주 나오는, "도대체 왜 악플을 다는 것일까?"에 대한 질문도 있었다.

인터넷의 익명성, 비대면성은 예의나 규범 등에서 벗어나기 쉬운 환경을 마련한다. 나는 한국 강연에서와 같이 인터넷의 익명성, 비대면성이 주는 문제점에 관해 설명했다. 그리고 지금까지 받아 보지 못했던 질문 하나가 매우 인상적이었다. 선플운동이 글로벌 인터넷 사회에 무엇을 제시할 수 있다고 생각하느냐는 것이었다. 중국 사회에 정말로 보내고 싶은 메시지에 관한 것이라 잠시 숨을 골랐다가 대답했다.

"선플운동은 갈등을 해소하고 서로에게 응원과 위로를 전달할 수 있는 성숙한 인터넷 사회의 초석이 될 것입니다. 서로 화합하는 데 가장 중요한 요소는 상대에 대한 배려와 응원입니다. 그것을 표현하는 가장 기초적이고도 강력한 방법이 바로 선플을 다는 것입니다. 선플을 달면 세 사람이 행복해집니다. 선플을 다는 사람, 받는 사람, 보는 사람. 글로벌 인터넷 세상에서는 모두가 이 세 사람 중 하나인 동시에 세 사람 모두입니다. 여러분도 선플 달기 운동에 동참해 행복해지실 바랍니다."

얼굴은 볼 수 없었지만, 질문을 했던 사람이 미소 지으며 고개를 끄덕여 주길 바랐다. 아마 그랬을 것이라 믿는다.

마지막 질문이 특히 인상 깊었다. 강연 당일은 2014년 6월 24일, 대한민국 축구 대표팀의 16강 진출의 운명이 결정되는 시합이 있는 날로 상대편인 벨기에와 우리의 승부를 점치기 어려워 보였다. 갑자기 사회자인 청츠하오가 돌발 질문을 했다. 이번 월드컵에서 지금까지 한국 팀은 한 번 비기고, 한 번은 패해서 본선 진출이 힘들다고 보는데 어떻게 생각하는지를 물었다. "나는 선플이 이럴 때 필요한데, 전 국민이 한 마음으로 응원하고 격려한다면 좋은 경기 결과가 있을 것이라고 생각합니다. 여러분도 열심히 응원해 주세요"라고 말했다.

청츠하오도 호방하게 웃으며 중국인들도 함께 응원하겠다는 말로 강연은 훈훈하게 끝났다. 강연이 끝나고도 웨이보를 통한 반응은 뜨거웠다. 마음 같아선 선플에 관해 쏟아지는 질문에 하나하나 대답하고 싶었지만 중국어로 질문과 대답을 번역해 듣고 말하는 과정이 쉽지 않아 안타까웠다.

강연이 끝나자 만찬이 기다리고 있었다. 장관 이상의 국빈들이 인민일보 그룹을 방문했을 때 비로소 문을 연다는 대연회장이 선플운동을 향해 환영의 박수를 보내고 있었다. 산 청비아오 국장과 나눈 환담은 인터넷으로 가까워진 사회는 국경 따위는 이미 날려 보낸 지 오래라는 사실로 귀결되었다. 그는 이미 우리나라와 중국이 인터넷상에서 나눈 위로와 격려만으로도 엄청난 경제 효과를 거둔 것과 마찬가지라고 역설했다.

온라인 민간 외교

2008년, 쓰촨성에서 진도 8.0의 지진이 발생하여 7만 명이라는 사상자가 발생했다. 이때 한국의 일부 몰지각한 네티즌의 악플로 인해 중국 내에서 한국 제품 불매 운동이 일어나는 등 험한 현상까지 나타났다. 그러나 선플운동본부는 지진 피해 주민들을 위한 추모의 글 달기 캠페인을 벌였다. 인터넷에 올라온 추모의 글 1만여 개를 모아 추모 선플집을 제작해 중국 측에 전달했고, 중국 측은 가슴 깊이 감사해했다.

소치동계올림픽 때에는 광화문에서 우리 국민이 중국 선수의 선전을 바라는 응원을 보냈고, 자금성 앞에서는 중국 국민이 한국 선수들을 격려하는 메시지를 보내 왔다. 이렇게 가까워진 양국의 네티즌들은 악플 달기를 중단했고 양국의 더 좋은 성과를 위해 진심의 격려를 지속해 오고 있다. 그리고 우리의 참사였던 세월호 침몰 사건에는 중국의 누리꾼 8만여 명이 추모의 뜻을 모아 우리에게 보내 주었다. 이런 성과를 얻으려고 외교적인 절차를 밟았다면 수많은 시간과 엄청난 비용이 필요했을 것이다.

나는 인밍망 TV 강연을 준비하면서, 인터넷 댓글과 관련하여 한국인과 중국인이 상호 공감하는 사례를 찾고 있었다. 기사 하나가 내 눈에 번쩍 들어왔다.

연합뉴스에서 게재한 중국을 울린 효심이라는 제목의 기사였다. 환갑을 넘긴 딸이 구순의 노모를 인력거에 태우고 여행에 나섰다는 내용이었다. 교사였던 63세의 시에슈화 씨가 93세인 노모를 손수레에 태운 채 중국 전역을 여행한다는 감동적인 기사였다. 너무나 가난한 마을에 살았던 그녀는 마을의 200명의 여자 중 중학교에 갈 수 있었던 사람으로 유일했다.

모두 어머니의 덕이었는데 굶어 죽지 않는 한 학교에 보내겠다고 다짐한 어머니는 너무 가난해 시계가 없었는데 하루도 거르지 않고 제시간에 딸을 학교에 데려다 주었다고 한다. 그 덕에 교사로 퇴직할 수 있었던 그녀는 어머니에게 작은 보답이라도 하기 위해 더 늦기 전에 어머니를 손수레에 태웠다고 한다.

63세의 자신도 이미 나이가 든 시에슈화 씨는 다리가 부어올라 걷기도 힘들지만 어릴 적 어머니처럼 쓰러져 죽지 않는 한 여행을 멈추지 않겠다고 다짐하고 있는 중이다. 그 덕에 노모는 평생 처음으로 하이난에서 바다를 볼 수 있었다고 한다. 구순의 어머니 역시 딸의 고생이 너무 애달파 몇 번이고 돌아가자 했지만 시에슈화 씨는 그 말을 듣지 않는다고 속상한 얼굴로 인터뷰를 했다.

중국 전역을 울린 효심이라는 기사는 한국의 내 마음도 울렸다. 그런데 그 밑에 올라온 인터넷 답글을 보니 마음의 울림은 더 커졌다. '한국에 오시면 그 손수레 제가 끌어들이고 싶네요', '따님도 어머님도 건강 조심하세요!', '정말 대단한 효심이다. 반성이 된다' 등 우리 누리꾼이 단 댓글들이 더 감동적이었다. 선플운동의 결실이 거기에 주렁주렁 달린 것 같아 뿌듯했다. 나는 순간 시에슈화 씨 모녀를 한국으로 초청해야겠다는 생각이 들었다.

해외 유학까지 다녀온 아들이 부모를 가해하고, 노부모를 외국에 두고 사라져 버리는 불효 자녀에 대한 기사를 읽은 적이 있는데 시에슈화 씨 모녀를 한국에 모셔 와 자라나는 한국의 청소년들에게 '효도는 이렇게 하는 것이다'라는 것을 보여 주고 싶었다.

당시 나는 선플 CEO 포럼을 준비하고 있었다. 기업인들이 착한 일을 실제 행동으로 보여 주는 노블리스 오블리제 포럼(noblesse oblige forum)을 구상하고 있었다. 초대 회장을 한동권 회장이 맡았고, 선플 CEO 포럼의 첫 번째 연사로 시에슈화 씨 모녀를 초청했다. 실제 강연에서 얻은 감동은 훨씬 컸다. 어머니에게 받은 사랑을 조금이라도 보답하려 한다는 시에슈화 씨의 강연은 청중의 마음을 울렸다.

시에슈화 씨의 어머니는 딸의 효심으로 대한민국에까지 오게 되었다며 감격에 넘치는 목소리로 인사를 전했다. 서울예고에서 전통 공연을 관람하러 들어섰을 때에는 강당에 모여 환대하는 학생들을 보고 감동해 그녀는 눈물을 보이기도 했다. 학생들도 손수레에 어머니를 모셔 대륙을 가로지른 시에슈화 씨에게 큰 감화를 받았고 눈물을 글썽이며 집에 있는 엄마에게 전화를 하고 싶다는 말을 하기도 했다. 방송에서도 적극적으로 취재해 갔다. 포털 뉴스에 소개된 한국에 온 시에슈화 씨의 기사에는 훈훈하고 따뜻한 댓글이 무척이나 많이 달렸다.

효심이라면 세계적으로 둘째가라면 서러웠던 우리에게도 큰 울림이 되었다. 나는 이 역시 인터넷을 통한 적극적이고도 아주 따뜻한 방식의 외교라고 생각한다. 이렇게 좁혀진 양국 간의 관계는 더욱 성숙한 인터넷 문화로 꽃피워질 것이라 믿어 의심치 않는다.

한 사람의 마음이 움직이면 세상이 달라진다

　'사촌이 땅을 사면 배가 아프다'라는 속담이 있다. 이 말은 참 나쁘다. 사촌이 땅을 샀으면 좋은 일인데 왜 밑도 끝도 없이 배가 아픈가! 질투가 인간 본연의 감정이라지만 이 경우는 질투라기보다는 못된 마음이다. 내가 잘살지 못하면 남도 잘살지 못해야 직성이 풀리는 나쁜 인간성이다. 이것을 속담으로 오랫동안 회자하면서 시기와 질투가 당연한 듯하는 것은 우리의 나쁜 습성이다. 남이 잘되면 나도 잘되면 된다. 남은 잘 못 되고 내가 잘되기를 바라면 영원히 나는 잘될 수가 없다. 그럼에도 불구하고 우리는 남은 못 되고 나만 잘되길 바란다. 그러니 여전히 나는 잘못되고 남은 잘된다. 또 악순환이다. 내가 잘못되어 있으니 계속 남이 잘 안 되기만 바란다. 그런데 우리에게 이렇게 나쁜 속담만 있는 것은 아니다.

앞서 말했듯 추임새라는 아주 좋은 단어도 있다. 추임새는 국악에서 창하는 사람에게 고수가 '얼쑤', '좋다' 등의 칭찬과 격려를 해 주는 말이다. 창을 하는 중간중간 넣어 주어 창자가 창을 더욱 잘하도록 돕는 것을 말한다. 나는 주위에서 잘하는 사람이 있으면 그 사람의 용기를 꺾거나 발목을 잡지 말고 그 사람이 더욱 잘할 수 있도록 추임새를 넣어 줘야 한다고 생각한다. 이러한 생각을 바탕으로 시작한 것이 선플운동의 뿌리라고 할 수 있는 추임새 운동이다.

추임새 운동은 시작부터 반응이 좋았다. 온라인에서의 악플이 실생활에까지 악영향을 미치고 있다고 생각한 나는 청소년들부터 선플달기를 시작해야 한다고 판단했다. 그러자 내륙과 떨어져 있는 섬, 제주도가 떠올랐다. 내륙과 단절된 섬에서 나고 자란 아이들에게 바른 인터넷 문화가 절대적으로 필요하리라는 생각에서였다. 제주 중앙중학교에서 비로소 선플운동의 깃발이 높이 올랐다.

제주도의 작은 중학교에서 시작한 선플운동은 각종 매스컴의 조명을 받으며 점점 많은 사람이 공감하는 문화운동으로 발전해 갔다. 가장 먼저 반응한 것은 역시 교육계였다. 초·중·고의 사이버 언어폭력 문제에 대한 해결책으로 선플운동이 거론되었고 실제로 사이버 언어폭력, 학원폭력 감소에 큰 효과를 보이는 것으로 나타났다.

국회도 힘을 보탰다. 선거 시즌에 상대 후보를 비방하는 댓글로 '지저분한 정치'라는 오명을 쓴 국회는 적극적으로 선플운동에 참여했다. 현직 국회의원 300명 중 98%인 294명의 의원이 선플운동에 동참하겠다고 선언했다. 이때 동참한 국회의원의 이름 294개가 선플운동의 선언문 밑에 달려 국회에 동판으로 걸려 있다. 뿐만 아니라 전국시장군수구청장협의회, 행안부, 환경부, 여성가족부, 전국의 많은 시도청과 교육청, 경찰청, 육·해·공군, 도로교통공단 등 100여 개의 기업과 병원, 민간 단체들도 참여하기 시작하면서 이제는 국민적인 문화운동으로 발전했다.

앞서 말한 중국은 한국만큼이나 선플운동이 자리를 잡아 가고 있고 미성년자의 43%가 SNS로 사이버 왕따를 당하고 있다는 조사 결과가 있을 만큼 사이버 언어폭력 문제가 심각한 미국에도 선플운동이 전파되었다.

코네티컷 주 샌디훅 초등학교에서 일어난 총기 난사 사건을 추모하는 추모 선플집이 주한 미 대사에게 전달되는 한편 LA시청에서 선플운동 미주 지부의 설립을 발표하기도 했다. 이후 일본에서도 중국에서와 똑같은 행사를 계획하고 있다.

이처럼 한국을 넘어 세계로 뻗어 나가고 있는 선플운동의 시작은 정말 미미했다. 처음에는 뉴스를 보고 더 이상은 안 되겠다는 생각에서 비롯했다. 나는 학생들이 다른 생각, 다른 행동을 하길 바라는 마음만이 간절했을 뿐이다. 그런데 어느덧 8년이라는 시간이 지나 신 정신운동, 인터넷 문화운동, 신한류 3.0이라는 이름으로 전국적으로 퍼지고 있다. 지금 생각해도 믿기지 않는 굉장한 일들이 아무렇지도 않게 시작된 것이다.

나는 이 커다란 성과가 믿어지지 않는다. 아마도 시작이 착했기 때문에 오늘의 성과를 이룰 수 있지 않았을까 나는 생각한다.

착한 의도가 착한 것에 목마른 사람들의 마음을 움직였고, 착한 것이 옳은 것이고 좋은 것이라고 생각할 수밖에 없는 인간 본성을 극대화시켰다고 본다. 선플을 단다고 해서 내가 갑자기 대단해지는 것도, 돈이 생기는 것도 아니다.

봉사의 일환으로 선플 달기를 시작한 청소년들은 대학생이 되어서도 악플을 달지 않는 것은 물론 격려와 칭찬이 필요한 글에는 망설이지 않고 선플을 달고 있는 자신을 발견한다고 했다. 나는 이 모든 것이 착한 것에서 시작했고, 착한 과정을 거치며 착한 결과를 내었기 때문에 모두를 변화시켰다고 생각한다. 사람의 관계가 기본이자 중심인 이 세계에서 착한 것처럼 큰 힘은 없다. 착한 것은 악한 것보다 세고 강하다. 선플이 그 증거이다.

마음은 세상과 이어져 있다. 그 마음의 작은 변화만으로도 세상은 달라진다. 당신의 선한 마음이 속삭이는 소리가 들린다면 세상이 변할 것이다. 선플을 써 보면, 다른 사람의 선플을 보면 확신할 수 있을 것이다.

자기변명으로 시간을 보내기에는 청춘이 그리 길지 않다.

그리고 무엇보다도 중요한 것은 그 시기에 부단히 손을 들며 도전을 했던 기억은

가슴 뻐근한 성취의 쾌감만이 아니라, 때로는 참담한 실패의 기억까지도

머지않은 미래의 비옥한 자양분이 되어 새로운 나를 만든다는 사실이다.

실패는 나를 진화하게 하는 동력이다.

4장

움직이면 따라온다

손 들기 운동

손을 드는 자에게 기회가 온다

손을 들어라! Raise your hands!

나는 수업 시간에 캠페인처럼 학생들에게 손 들기를 강조한다. 나의 수업은 자발적인 참여가 무엇보다도 중요하다. 프로젝트를 수행할 때에 팀을 구성하는데 팀장을 뽑으려고 손을 들라고 하면 학생들은 나와 눈이 마주칠까 고개를 숙인다. 손을 드는 학생들은 거의 미국, 프랑스, 독일, 스페인 등 외국 학생들이다. 보다 못한 내가 한국 학생들을 지목하면 그제야 슬며시 손을 든다.

손을 들지 않으면 기회가 없다. 이건 명명백백하다. 기회는 길목을 지키고 서 있다가 나를 반겨 주지 않는다. 기회로 보이든 그렇지 않든 간에 손을 들고 그것을 잡아야 그다음 순서로 나아갈 수 있다. 손을 들지 않으면 그것으로 끝이다. 손을 드는 것은 자기를 표현하는 것이다. 동시에 내 자신이 나를 위해, 내가 되고 싶은 나를 위해 열심히 살고 있다는 것에 대한 가장 기본적인 신호이다.

수업을 예로 들면 손을 들어 팀장이 되는 학생들은 그 직책을 맡아야만 느낄 수 있는 조직에 대한 전체적인 시각, 구성원 간의 역학 관계, 개별 구성원의 특장 파악 등에 관한 것들을 비로소 알 수 있다. 물론 다른 사람에게 나를 표현할 수 있는 발표의 기회를 갖게 될 수도 있다. 손을 들지 않고 그저 묻혀 있듯 지내다 보면 스쳐 지나가 기억에도 없는 사람이 되고 만다.

학생들은 손을 들어 주목 받는 것을 두려워한다. 모든 사람이 자신은 주목하고 있는데 혹시라도 실수를 하게 되면 어쩌나 미리 걱정을 하는 것이다. 그러나 설령 실수를 한다 해도, 그래서 친구에게 창피를 당한다 해도 그것은 인생에서 그렇게 의미 있을 큰 일이 아니다. 내가 누릴 수 있는 경험, 내가 가질 수 있는 가치를 영영 떠나보내는 것에 비하면 순간의 두려움은 먼지처럼 가볍고 보잘것없다.

자신을 드러내야 자신이 어떤 사람인지 스스로도 알게 된다. 타인의 시선은 두 번째이다. 손을 들지 않으면 자신이 어떤 사람인지 어떤 상황에 반응하고, 어떤 기회를 포착하고자 에너지를 쏟고 있는지 아무도 알 수 없다. 무리 속의 한 명, 드러날 것도 주목 받을 것도 없는 사람, 존재감 없는 사람이 되고 말 뿐이다.

내가 대학 강의를 통해 손 들기 운동을 펼치는 이유가 바로 거기에 있다. 시도하지 않으면 실패는 하지 않는다. 이 말은 패배한 적 없지만 한 번도 성공하지 못한 사람들의 공통된 변명이다. 시도하면 실패했을 것이라는 확신을 돌려 말한 것뿐이다. 그리고 실제로 이렇게 말하면서 시도조차 하지 않는, 손 한 번 들어보지 못한 채 젊음을 보낸 이들은 거개가 실패한 인생을 살게 마련이다.

실패할 것을 미리 생각하고, 실패가 기다리고 있으니 움직이지 않고 가만히 서서 '나는 실패한 적은 없어. 왜? 손을 들지 않았으니까' 하는 자기변명으로 시간을 보내기에는 청춘이 그리 길지 않다. 그리고 무엇보다도 중요한 것은 그 시기에 부단히 손을 들며 도전을 했던 기억은 가슴 뻐근한 성취의 쾌감만이 아니라, 때로는 참담한 실패의 기억까지도 머지않은 미래의 비옥한 자양분이 되어 새로운 나를 만든다는 사실이다. 실패는 나를 진화하게 하는 동력이다.

손을 들어야 다음 기회가 생긴다. 몰랐던 것을 알 수도 있고, 내가 무엇을 잘하는지도 역시 손을 들어야 알 수 있다. 손을 들어 기회를 잡았다면 내가 할 수 없는 일이거나 못하는 일이라는 것도 손을 들었기 때문에 그렇지 않은 사람에 비해 더 빨리 알 수 있다. 손을 드는 일은 그 순간에만 국한하지 않는다.

원하는 방향이거나 그렇지 않거나 다음 순서를 볼 수 있는 유일한 티켓이 바로 손 들기이다. 그것으로 많은 일이 연결될 수 있다. 시키지 않아도 내가 하겠다고 하는 것, 내가 한번 이뤄 보겠다고 마음먹는 것은 결과적으로는 언제나 성과가 있다. 자신이 맺은 유무형의 네트워크는 한 단계로만 끝나는 것이 아니기 때문이다.

이 문은 당신의 문입니다

2014년 1월 17일, 북경 시내 캠핀스키 호텔에서 자그마한 행사가 열렸다. 쓰촨성 야안시 지진 피해자들을 위해 한국의 청소년들이 선플 본부 홈페이지에 올린 1만여 개의 추모의 글이 담긴 추모집과 선플 음악회를 통해 마련한 2만 달러를 전달하는 행사였다. 행사가 끝난 후, 나는 나와 같은 테이블에 앉아 있던 사람들과 이야기를 나누고 있었다.

그때 수많은 공익 프로그램과 〈나는 가수다〉를 만든 MBC TV 김영희 국장이 갑자기 한 가지 제안을 했다. 2014년 소치올림픽이 20일 앞으로 다가오고 있으니 한·중 양국의 네티즌이 상대 국가의 선수들을 응원하는 동영상을 제작하면 어떻겠느냐는 것이었다. 옳다고 판단되면 실행에 바로 옮기지 않고는 못 배기는 나는 흥분된 마음으로 그 자리에 있던 사람들에게 "추진하겠습니다"라고 선포했다. 만일 제작된다면 한·중 양국에서 최초로 이루어지는 일로 양국 관계를 돈독히 할 수 있을 것이었다. 그리고 나는 그 자리에 함께했던 영상물 제작

자 심영인 사장에게 촬영을 의뢰했다

그는 다음 날 아침 일찍 북경 천안문 앞으로 달려갔다. 그리고 중국 시민들을 만나 촬영을 했다. 심영인 사장은 영상 제작의 귀재이다. 그가 촬영하는 비디오는 모두 풍부한 감성이 담긴 뛰어난 예술적 영상으로 태어났다.

심 대표와 나는 귀국하자마자 광화문 광장에 나가 한국 시민들이 중국 선수들을 응원하는 영상을 촬영했다. 나중에 이 영상은 한중 네티즌들에게 큰 감동을 주는 영상으로 태어났다. 내가 하는 이런 일련의 일들은 누구나 할 수 있는 아주 작은 일들에 불과하다. 물론 이 책을 읽는 당신도 쉽게 할 수 있다. 다만 하고 싶은 일을 하겠다고 선언하고, 두드려야만 이루어진다.

내 생각을 실현시키기 위한 첫 단계는 바로 이 손 들기에서 시작한다. 아무리 좋은 생각을 가졌다고 하더라도 실행하지 않으면 그것은 한낱 공상에 지나지 않는다. 누군가 내 생각을 다 알아주고 모든 것을 다 준비한 뒤에 나를 그 자리에 앉히는 일 같은 건 이 세상에 없다. 죽음의 문턱에 이른 어떤 사람이 평생 동안 기다렸지만 열리지 않는 문 앞에서 그 문을 지키는 문지기에게 이렇게 말했다.

"들어가지 못하도록 문을 지키는 이유가 무엇인가?"

그러자 문지기가 말했다.

"이 문은 당신의 문입니다. 나는 당신이 말하면 열어 드리려고 이곳에 줄곧 있었습니다."

문지기에게 열어 달라고 했으면 벌써 문 안으로 들어갈 수 있었을 터인데, 단 한 번도 문을 열어 달라고 요청하지 않았기에 들어갈 수 없었던 것이다. 살아가면서 내가 시도하지 않으면 아무것도 이루어 낼 수 없음을 시사하는 이야기이다.

기회는 내가 만들어야 하고 표현하지 않으면 아무도 도와주지 않는다. 내가 원하면 내가 먼저 손짓을 해야 기회가 비로소 내게 미소를 보낸다. 기회를 내 것으로 만드는 맨 처음 시작은 바로 손 들기이다. 정말 쉬운 방법이다.

Raise your hands!

2

나이에 얽매이지 말아라

나는 오늘을 산다

나는 거의 나이에 대해 생각하지 않고 지낸다. 나를 찾아오는 제자들에게도 올해 몇 살이냐는 식의 질문은 하지 않는다. 나이가 중요하다고 생각하지 않기 때문이다. 한국에서는 처음 만나면 만난 대로 나이를 묻고, 나이를 묻지 않은 채로 친해지는 중이라면 또 그래서 나이를 묻는다. 관계를 맺은 모든 사람의 나이를 정확하게 알고 있어야 한다는 강박이 있나 하는 의구심이 생길 정도이다.

지금도 일간지 등의 매체에서 이름 뒤 괄호 안에 나이를 밝히는, 마치 법칙 같은 관행이 남아 있기도 하다. 유명인의 결혼 기사가 나도 두 사람의 나이 차이에 관한 이야기는 빠지지 않는다. 전 국민이 모두의 나이를 알아야 하는 것이다. 한국 사회에서는 나이가 중요하다. 나이를 알아야 친구를 할지, 존대를 할지, 아니면 슬쩍 말을 놓을지 정할 수 있기 때문이다. 또한 나이는 그 사람의 행동의 당위성을 고려하는 중요한 기준이 되기도 한다. 나잇값이라는 것이 우리나라에는 있으니 말이다. 그리고 그 나이를 기준 삼아 경험치의 다소를 정해 누군가는 가르치려 들고 또 누군가는 배워야 하는 상황에 놓인다.

왜 이렇게 나이에 집착하는 것일까?

오랫동안 우리 사회에 뿌리 박혀 있는 유교 사상 때문이라고 생각한 적도 있는데 같은 유교 문화권인 중국, 일본도 나이에 관한 질문은 결례에 해당한다고 하니 그것도 아닌 것 같다. 내가 글로벌 에티켓을 다룬 《어글리 코리언, 어글리 아메리칸》을 처음 쓴 것이 1993년이다. 그때부터 2014년까지 다섯 차례나 증보판을 내면서도 여전히 달라지지 않아 고쳐야 할 '어글리 코리언' 에티켓으로 '개인적인 질문을 하지 않는다'가 포함되어 있다.

아주 친하지 않다면 묻지 말아야 질문들이란 나이, 결혼의 유무, 자녀의 유무, 연봉에 관한 것이다. 그중 가장 거리낌 없이 늘 묻는 것이 바로 '몇 살인가'이다. 나이가 관계를 맺는 데 중요할까? 나이는 업무를 하는 데에도, 친교를 나누는 데에도 별 의미가 없는 요소이다. 나이는 젊음이나 늙음을 우리끼리의 잣대에 맞춰 표현하려는 이른바 기호일 뿐이다.

나는 젊었을 때에도 나이 말하기를 좋아하지 않았다. 대학생 때부터 파트타임으로 영어를 가르쳤는데 너무나 젊은 나이의 학생이 어른들을 대상으로 강의를 하게 된 입장이어서 더욱이 그랬다. 그래서인지 그때나 지금이나 여전히 나는 나이를 말하는 것에 아무런 의미를 느끼지 못한다. 나는 다만 오늘을 살고 있을 뿐, 내가 몇 살이 되려고 몇 살을 살고 있는 것은 아니기 때문이다. 인터뷰를 할 때마다 늘 사회자가 하는 멘트 중 하나가 "어떻게 이렇게 하나도 변하지 않고 그대로이십니까?"이다.

지금 이 나이가 어때서?

나는 미국 유학 시절부터 방송에 나와 오늘까지 계속 미디어에 노출이 되어 있다. 과분하게도 국민 영어 선생님이라는 꼬리표가 붙어 있을 정도이다. 그러다 보니 보통 남자가 대학원에 다니는 나이와 방송에 나온 나이를 얼추 계산해 보면 내 나이를 짐작할 수 있다. 그러나 나는 나이로 살지 않는다. 나이는 현재의 나를 설명하는 데 아무런 상관 요소가 없다.

나는 여전히 새로운 목표가 자꾸만 생긴다. 내 컴퓨터에는 가까운 미래, 먼 미래에 반드시 하고자 하는 일들이 기록되어 있다.

올해 88세의 이케아의 창업주가 좋은 예이다. 그는 경영권은 전문

경영인에게 맡겨 두었지만 여전히 회사의 고문으로서 많은 것을 관여하고 있다. 나이로만 보자면 은퇴한 지 수십 년이 지나 흔들의자에서 무릎 담요나 덮고 있어야 어울리겠지만 아직도 열정적으로 이케아의 미래를 일구고 있다. 여전히 버스를 타고 이동하고 비행기를 탈 때에는 이노코미 석에 앉는다는 그는 언젠가 한 인터뷰에서 농담 같은 진담으로 이렇게 말했다.

"할 일이 너무 많아 죽을 시간도 없다."

그는 10분은 무척 많은 일을 할 수 있는 시간이라며 88세의 나이에도 10분 간격으로 배치된 빡빡한 일정으로 하루를 보낸다. 여기에서도 나이에 집착하면 '88세의 할아버지가 무척 건강하시구나'라고 생각하겠지만 나이를 거둬들이고 생각하면 필생의 사업을 일구려는 집념에 찬 한 남자의 열정적인 성공기가 먼저 보일 것이다.

나이는 내가 태어나 몇 해째 되었는지 알게 하는 시간의 개념일 뿐이다. 우스갯소리로 생일날 케이크에 꽂을 초의 수를 정하려고 기억하는 숫자일 뿐이다. 외국에서는 이마저도 상관없이 꽂기도 한다. 나이가 나의 경계를 정해서는 안 된다. 나이가 내 행동의 반경을 정해서도 안 된다. 내가 지금 하고 싶은 것, 되고 싶은 것을 위해 충실히 노력하면 그뿐이다. 나잇값을 고려할 것도, 나이에 걸맞은 행동인가 아닌가도 생각할 필요가 없다.

공중도덕을 해하거나 공공의 이익을 침해하는 것이 아니라면 우리는 무엇이든 할 수 있다.

"이 나이에 영어 공부를 시작해도 될까요?"

"이 나이에 결혼도 못했는데 괜찮을까요?"

"이 나이에 직장을 옮기고 싶은데 어쩌죠?"

큰 목표를 세웠고 그것을 향해 열심히 달려가는 중이라면 나이는 끼어들 자리가 없다. 원한다면 하면 된다. 몇 살의 당신이 아닌, 목표가 분명한 당신이 원하면 하는 것이다.

연습은 모든 것을 가능하게 한다

목표를 가져라

나는 다양한 주제로 인터뷰와 강연을 많이 하는 편이다. 강연이나 인터뷰 때 단골 질문은 단연 '어떻게 하면 영어를 잘할 수 있나'이다. 내 답변을 한마디로 요약하면 연습이다. 지금까지 우리나라의 영어 교육 과정을 살펴보면 실용 영어를 배울 기회가 전혀 없었다. 고등학 생들은 대학 진학을 위해 문법과 독해 위주로 공부하고, 대학을 졸업 하고 취업하려면 대화체 영어와는 거리가 먼 각종 시험 성적이 필요 했다.

중요한 사실은 영어를 못하는 것이 아니라 그동안 학교에서 실용 영어를 배울 기회가 전혀 없었다는 것이다. 오늘부터라도 마음먹고 영어 교육 전문가로부터 제대로 말하기 훈련을 쌓으면 누구나 어느 정도는 자연스럽게 말할 수 있다. 영어 회화는 학문이 아니라 기술이기 때문이다.

언어학자들에 의하면 한 언어를 제대로 구사하기 위해 알아야 하는 문장이 최소한 400~500개 정도라고 한다. 그 정도면 의사소통에 필요한 기본적인 말을 할 수 있다는 것이다. 여기에 더해 영어 잘할 수 있는 연습 방법을 소개하겠다.

우선 자신이 하는 일과 직접 관련이 있는 문장을 만든다. 이때의 문장은 실질적으로 필요한 구체적인 표현이어야 한다. 그렇게 질문 하나에 대답 하나씩 총 365개의 대화 쌍을 만들어 녹음한 뒤, 녹음한 내용을 100번만 따라 말하는 훈련을 하면 누구나 기본적인 영어를 충분히 구사할 수 있다.

이렇게 말하면 사람들은 연습량이 너무 많다고 입을 벌린다. 그때 나는 박태환 선수, 김연아 선수를 언급한다. 그들이 단지 백 번만 연습 했을까? 그들이 만 번을 연습해 세계적 위치에 오를 수 있었다고 가정 하자면 우리 같은 사람은 적어도 백 번은 해야 자기 업무에 관련된 영 어 표현을 자유롭게 쓸 수 있지 않겠나!

목표를 세우고 그것을 향해 꾸준히 열심히 연습하면 된다. 꿈은 이 루어진다. 목적에 맞는 올바르고 제대로 된 연습, 꾸준한 연습이라는 설명이 따라붙어야 하겠지만 나는 연습이 성공한 인생을 살게 하는

데 가장 중요한 덕목이라고 생각한다.

국민 영어 선생님이라는 과분하지만 기분 좋은 이름으로 불리는 나 역시 영어 연습을 게을리 하지 않는다. 지난 2008년에는 모교인 미국의 노던일리노이 대학(Northern Illinois University)에서 학교를 빛낸 자랑스러운 동문 상인 Outstanding Alumus of the Year 수상자로 선정되었다며 시상식 초청장을 보내 왔다. 1899년 개교 이래 한국인이 자랑스러운 동문상을 받는 것은 처음이라고 말했다. 감격스러운 마음에 소감 준비를 일찌감치 마쳤다. 그러고는 연습에 연습을 거듭했다. 결과는 언제 봐도 재미있는 한 편의 영상으로 남았다.

그 뜻깊은 자리에 큰 박수를 받고 나가 마이크 앞에 선 나는 거의 말을 하지 못했다. 지나친 연습으로 목이 쉬어 버린 것이다. "이 영광된 자리에서 멋진 연설을 하기 위해 비행기에서 연습을 너무 많이 해서 목소리가 나오지 않는다"는 말로 시작해서 들릴락 말락 한 목소리로 연설을 했다. 참석자들이 기립 박수를 쳐주었다. 아마 내 스피치 내용보다는 열심히 준비한 것에 대한 응원이었을 것이라고 생각한다.

연습은 자신감을 선사한다. 연습을 반복하면 그것이 무엇이든 간에 결국 내 것이 된다. 연습을 통해 바라고 원하던 어떤 상태가 내 것이 되고야 마는 순간의 기쁨은 감격적이다. 그 성취의 쾌감은 연습의 중요성을 각인시킨다. 자신이 성실하다는 생각을 들게 해 다른 어떤 일도 열심히 하면 될 것이라는 자기 신뢰를 갖게 한다.

나를 움직이게 하는 힘

"교수님, 연습이 중요한 것은 알고 있지만 각오를 아무리 단단히 해도 실행이 잘 안 됩니다."

이런 고민으로 괴로워하는 학생들도 꽤 많이 봐 왔다. 연습을 하면 결국 얻는다. 연습을 하면 마침내 성공한다는 것을 알고 있지만 연습을 한다는 것 자체가 어렵다. 그 괴로움을 넘어선 사람만이 성공의 달콤한 열매를 차지할 수 있다는 엄연한 사실을 현실화하기가 힘든 것이다. 그렇다면 어떻게 해야 연습을 게을리 하지 않고 계속할 수 있을까? 자기 자신에 대한 압력을 가해야 한다. 누군가 밀어붙여 줘야 한다. 대개 부모님, 선생님 등이 그 역할을 하지만 그것보다 몇 곱절의 효과를 내는 것은 자기 자신이다. 해야만 한다는 절박감에 포커스를 맞추는 것이다.

절박함이 없으면 아무것도 못한다. 아무도 해내지 못한다. 자기 자신이 그 동력의 원천이 되어야 한다. 그렇다면 그 동력은 어디서 나오는가? 빈곤함과 부족함을 인식하는 데에서 출발한다. 그것은 밥에 대한 배고픔일 수도 있고 지혜와 문화에 대한 배고픔, 더 나은 단계로 나아가고 싶은 배고픔일 수도 있다.

누구에게나 허기는 있다. 등록금이 부족해 반드시 장학금을 타야 할 수도 있고, 다른 학생들과의 변별력을 갖기 위해 프랑스어를 익히고 싶을 수도 있다. 진급의 발목을 잡고 있는 영어 시험에 통과하고 싶을 수도 있다. 허기가 느껴졌다면 동력이 준비된 것이다.

갈증이 나면 물을 마시면 된다. 탈수로 가장 먼저 죽는 사람은 갈증을 느끼지 못하는 사람이라고 한다. 갈증을 못 느끼는 사람은 물을 마시지 않는다. 얻고 싶으면 움직여야 한다. 더 얻고 싶으면 더 움직여야 한다. 단지 목만 축일 것이 아니라면, 허기만 면할 것이 아니라면, 충만한 만족감을 느끼고 싶다면 갈증의 느낌을 잊지 않고 더욱더 나를 격려하고 박차를 가해야 한다. 원하는 것을 얻기란 그리 어렵지 않다. 연습에 연습을 반복하면 결국은 다 얻게 될 것이라는 믿음을 가지고 부단히 움직여야 한다.

여기에 한 가지 더할 것이 있다. 자신의 일정표를 만드는 것이다. 앞도 뒤도 보지 않고 밤낮으로 열심히 하는데도 나아지는 게 없다고 생각하는 사람에게 꼭 권하고 싶은 방법이다. 하루, 한 달, 일 년, 평생 등 내가 하고자 하는 것의 허황되지 않은 경계를 정한 뒤 그것을 위한 목표를 정해 보는 것이다. 3년 후, 10년 후가 막연하게 느껴진다면 한 주, 한 달, 한 학기, 1년도 좋다. 도표를 만들어 거기에 맞추도록 시도해 보라. 자신의 타임라인을 정해 연습을 하면 균형이 생긴다. 규모가 보인다. 원하는 것을 얻을 수도 있겠다는 실낱같은 희망이 보인다면 성공에 가까워진 것이다.

연습을 하며 달라지는 스스로를 느끼고 자신감에 무게가 더 생겼다면 한 발 더 가까워진다. 그렇게 시간을 다양한 형태의 연습과 격려로 직조하다 보면 어느새 내가 원하는 상태가 되어 있음을 느끼게 될 것이다. 그러는 사이 자신도 모르는 사이 저절로 3년, 5년, 10년의 계획도 무리 없이 세울 수 있는 사람으로 변해 있을 것이다.

그 뒤에는 자연스럽게 목표가 조금씩 높아진다. 그러나 걱정 없이 시도할 수 있을 것이다. 연습이 목표를 채우고 뛰어넘게 한다는 것을 알게 된 다음일 테니까 말이다. 부단한 연습은 인생을 분명히 변화시킨다.

어학 실력 대신 소통 능력

영어는 숟가락이다

영어는 학문인가? 나는 언제나 실용 영어는 기술이라고 말한다. 전작이었던 《영어의 주인이 되라》의 주제처럼 영어는 도구이다. 밥이 아니라 밥을 떠 먹을 수 있는 숟가락이다. 컴퓨터를 처음 배울 때 하듯 그렇게 배우고 익혀야 하는 기술에 불과하다.

영어에 관해서라면 세계 최고 수준의 열정을 가진 나라가 바로 한국이다. 하지만 한국 사람은 외국인을 만나면 입을 열지 못한다. 사전 없이 어려운 시사 주간지를 읽기도 하지만 그것에 관한 대화를 하려면 얼굴부터 붉어진다. 한국 사람은 영어를 못하는 것이 아니라 실용

적인 영어를 못하는 것이다. 실용 영어를 배우지 못했기 때문에 할 수가 없다.

영어를 배우는 최종의 목표는 영어로 자유롭게 의사소통을 하는 것이다. 그런데 초등학교 때부터 고등학교 졸업까지 영어에 관해 온갖 스트레스를 받으면서 향상되는 것은 입시 위주의 문법, 독해력이다. 영어는 소통의 기술인데 영어 문학가 혹은 영어 학자가 될 사람들처럼 학문적으로 공부한다.

입시 위주의 영어는 우리의 영어에 큰 문제점이 아닐 수 없다. 대학 수학능력 시험에서 영어 듣기 평가를 하게 된 뒤 청취력이 크게 향상되었다. 그래도 실제적으로 말하는 데에는 제한적일 수밖에 없다.

한국인의 영어 실력을 급속도로 끌어올리기 위해서는 입시를 말하기 중심 평가로 바꿔야 한다. 그렇게 되면 학생들은 누구나 영어를 잘하게 될 수 있다. 아무리 강조해도 지나치지 않는 중요한 사실은 대화체 영어는 학문이 아니라 기술이라는 것이다. 듣는 만큼 말할 수 없지만 말하는 정도 이상은 들을 수 있다.

대화체 영어를 잘하려면 말하기 집중적으로 훈련을 해야 한다. 말하기 훈련은 어렵지 않다. 자신이 하고 싶은 표현이나 내용을 집중적으로 듣고 말하는 연습, 그것이 영어 말하기 훈련이다. 그리고 자신이 생겨 실제 대화를 통해 자신의 표현이 영어가 아니라 대화, 소통으로 소용된다는 것을 느끼게 되면 그것으로 영어 실력이 좋아진다. 그때부터는 영어를 유창하게 구사할 수 있다.

영어는 말이다. 말을 어떻게 외울 수 있을까? 말을 외워서 익힐 수 있을까? 외국어를 모국어 배우듯 해야 한다는 영어 학자들의 역설 때문에 사람들은 우리가 어떻게 배웠는지도 모르고 소통해 온 한국어 습득 방식을 돌아보게 된다. 그런데 내 생각은 다르다. 우리가 구구단을 이해하면서 배웠나? 그냥 외웠다. 외우면서 원리를 터득했다. 노래하듯 외운 구구단으로 산수를, 수학을 공부했다.

연설의 달인이라 불리는 학자, 정치가 등은 그 순간의 순발력과 쌓아 온 학식으로 연설을 했을까? 아니다. 기본적인 얼개를 만들어 외운 다음, 그것을 수많은 연습을 통해 발전시키고 진화시켜 연설했다. 모국어 배우듯 해야 한다는 이론은 미국이나 영국처럼 영어 사용 국가에서 영어를 배우는 사람들에게 해당한다.

그들에게 영어는 제2언어(ESL: English as a Second Language)이지만 우리에겐 외국어(foreign language)이다. 영어를 학문이 아니라 소통의 기술로 생각한다면 외우는 것으로 시작해야 한다. 소통할 최소의 거리가 있어야 나눌 수 있다. 그 기본적인 것들을 외워야 한다는 것이다. 예를 들어 옛날 중학교 다닐 때 외웠던 'Once upon a time, there was a great king(옛날 옛날에 위대한 왕이 있었어요.)'은 수십 년이 지난 오늘에도 튀어나온다. 다시 말해 기본 영어는 수없는 반복을 통해 저절로 입에서 나오도록 해야 한다.

농축된 기본 데이터를 갖춰야 영어를 잘할 수 있다. 식이 조절로 다이어트를 하는 사람이라도 기본적인 영양분은 섭취해야 살 수 있다.

영어도 마찬가지이다. 기본 습득 양이 있어야 소통이 가능하다. 그 기본을 습득하기 위해서는 공부가 아닌 연습, 훈련이 필요하다.

주위에서 우리말을 유창하게 하는 외국인들도 우리말을 처음 배울 때에는 모두 이 기본 암기 훈련 과정을 거쳤다. 기본은 암기이다. 다만 이 외국인들이 우리와 다른 점은 항상 한국어를 사용하는 한국어 환경에 노출되어 있다는 것이다. 흥미로운 점은 도시에 살고 있는 외국인들은 대체적으로 한국어를 잘 할 줄 모른다. 사람들이 그들에게 영어로 말을 걸기 때문에 한국어를 배울 기회가 그만큼 적기 때문이다. 반면, 시골에 사는 외국인들은 한국어를 잘한다. 생존을 위해 한국어를 해야 하기 때문이다. 영어를 배워야 하는 절박한 상황이 되면 누구나 영어는 잘 하게 되어 있다. 자신을 영어를 해야만 되는 상황으로 만들어야 영어를 쉽게 정복할 수 있다.

진짜 영어 능력

영어로 소통을 더욱 잘하는 방법은 말하려는 의지이다. 내가 가진 의견을 피력하고 상대방이 가진 의견을 나누어 가지려는 마음 자세이다. 이런 의지 없이는 영어는 절대로 말이 되어 입 밖으로 나오지 않는다. 소통을 잘하려는 의지는 정확한 발음과 완벽한 문법보다는 그 속의 내용을 생각하게 한다. 내용이 전달되면 소통은 성공이다. 그 내용이 원어민의 발음처럼 유창한 솜씨로 전달된다면 더할 나위 없겠지만 거친 발음과 문법으로라도 전달되도록 한 노력이라면 일단은 성공의 궤도에 진입한 것이다.

나는 강연 중에 한 남자의 영어 연설을 들려주기를 좋아한다. 딱딱한 발음, 느린 속도, 쉬운 단어 등 연설을 듣는 청중은 내가 영어를 잘못 사용하는 예라도 들려주는 건가 해서 웃으며 귀를 기울인다. 그리고 어땠냐고 물으면 사람들은 기다렸다는 듯이 못하는 영어라고 말한다. 그런데 이 연설을 원어민에게 들려주면 정반대의 대답이 나온다. 굉장히 잘하는 영어라고 말한다. 의사 전달력이 확실하고 내용도 명확한 연설이라고 한다. 그런데 영어가 외국어인 우리나라 사람에게는 못하는 영어로 들리는 것이다.

나는 연설의 주인공이 반기문 유엔사무총장이라고 말한다. 강연을 듣던 청중들은 아까와는 다른 반응을 보인다. 발음과 문법보다는 전달하려는 내용이 좋아야 한다. 그리고 그 내용을 주효하게 전달하면 된다. 그것이 바로 소통이다.

반기문 총장의 영어가 국제 사회에서 인정을 받는 이유는 발음이 영어 원어민처럼 유창하지는 않지만 깊이 있고 포용적인 사상과 가치관을 바탕으로 한 표현이 갖춰져 있기 때문이다. 이것이 진짜 영어 능력이다. 시험 점수보다는 더 정확한 발음, 더 좋은 콘텐츠에 치중한 영어 연습이 필요하다. 영어 실력이 늘지 않는다고 고민해야하는 이유는 점수가 오르지 않아서가 아니다. 10년 가까이 영어를 놓지 않고 있음에도 "Did you have a good weekend?"와 같은 미국 초등학교 저학년들의 인사와도 같은 상황 말고는 나눌 내용이 없어서다. 말은 소통이고 연습은 말을 더 편하게 한다.

옛날에는 영어를 남의 얘기라고 했는데 이제는 누구에게나 나의 얘기가 되었다. 다문화 가정이 기하급수적으로 늘고 한국을 찾는 관광객도 단군 이래 최고로 많다. 길을 걷다가 외국인을 만나게 될 확률이 그렇지 않을 확률보다 높다. 이제 영어 교육은 앞서 말한 것처럼 컴퓨터를 배우듯 하나의 기술로 생각해 익혀야 한다.

영어라는 기술을 익히기란 많은 사람이 생각하는 것처럼 어렵지 않다. 생활 영어라는 것에 아무도 관심이 없던 그 옛날, 아침 알람 대신 내가 외쳤던 "Good morning everyone! How are you?"는 지금 필요한 바로 그것이었을 것이다. 그런 면에 있어서 한국에서의 생활 영어의 역할은 한국인 한 개인이 직장인이 됐든 교사가 됐든 그들에게 하나의 더 나은 다른 분야를 볼 수 있는 계기와 도구가 됐다는 것에 나는 자부심을 갖고 있다. 영어를 통해 다른 문이 열리는 것이다. 내가 영어를 통해 여러 가지 일을 하듯, 누구든지 영어라는 열쇠를 가지고 다른 문을 열 수 있다.

쓰면 업적, 안 쓰면 아이디어

아이디어와 공상의 차이

쓰면 된다! 정말 쓰면 된다. 생각을 정리하면 아이디어가 되지만 생각만 하면 그저 공상이다. 누구나 생각은 한다. 멍하니 앉아 있는 것 같아도 무언가를 생각하고 있고, 앞만 보고 운전하는 것 같아도 머릿속에서는 많은 생각이 오간다. 많은 부분 공상이고 잡생각이라 치부되겠지만 때로는 그 생각 중 하나가 자신이 골몰하고 있는 주제를 한 단계 격상시킬 수 있는 핵심이 될 수도 있고, 도저히 빠져나올 수 없을 것 같은 문제의 열쇠가 되어 주기도 한다.

인류는 그 생각이라는 것을 통해서 탐구하고 진화해 왔다. 누구나 하는 이 생각이 누군가에는 인류의 생활을 바꿀 발명과 발견이 되고 누군가에게는 스쳐 지나가는 사념 중 하나가 되고 만다. 나는 그것의 차이는 작은 메모에서 온다고 생각한다. 쓰면 업적이 되고 안 쓰면 아무것도 아닌 메모의 힘을 나는 믿는다.

내 메모의 시작은 수첩이 아니라 녹음기였다. 나를 영어의 세계로 연결시켜 준 역사의 시작은 어릴 적 연희동에 있는 선교사 댁에서부터였다. 선교사의 사모님이 해 주시는 미트볼 스파게티의 맛에 빠져 교회를 다녔는데 그 댁의 내 또래 아이들과 노는 것도 참 좋았다. 그 선교사 부부에게는 세 명의 자녀가 있었는데, 그중 큰아들 그레그(Greg)가 내 친구였다. 그레그와 나는 연세대학교 뒷산에서부터 신촌 시장 통을 누비고 다녔다. 그와의 소통은 내가 영어를 배우는 과정이 되었다.

소통하고자 하는 의지가 있어서였는지 나는 다양한 몸짓을 섞어 가며 그와 대화하고자 노력했다. 그에게 내가 하고 싶은 말을 녹음해 달라고 했다. 나는 그 녹음 내용을 듣고 따라하는 훈련을 반복했다. 궁금한 것은 모두 녹음했고 그에게 들려주기도 하면서 발음 수정을 해달라고 했다. 나는 그때부터 영어에 관련된 것은 모두 녹음했다. 그 녹음 습관은 여전해서 얼마 전 중국의 인민일보 인민망 TV 초청 강연의 중국어 인사말도, 그곳에서 만나 친분을 쌓게 된 사람들의 이름도 그들의 발음 그대로 담아 연습했다.

녹음의 힘을 느낀 나는 그 이후에는 수첩과 컴퓨터에까지 필요한 것은 언제나 적어 두는 사람이 되었다. 기억은 어딘가에 저장해 두면 기록이 된다. 아무것도 아닐지 모를 생각이 엄청난 아이디어가 되는 것의 시작은 적는 것에서 비롯한다. 일단 쓴다. 쓰는 것만으로도 절반은 한 것이다. 그런데 그냥 쓰면 안 되고 그다음에는 내가 하는 다른 것과 연관시킬 방안을 그 옆에 또 써 본다. 연관된 것이 아무것도 없다고 해도 상관없다. 메모의 양이 축적되면 필연적으로 연관 사항은 생겨난다. 그리고 그것으로 다른 생각의 가지를 친다. 그것을 또 정리하는 과정을 갖는다. 그러다 보면 생각이 정리되고 내가 원하는 것이 어떤 쪽으로 움직이는지도 알 수 있다.

그렇게 쓰는 것이 습관이 되면 생각의 메모를 넘어 리스트를 만드는 일도 저절로 된다. 목표를 정하게 되고 그것을 적게 되는 것이다. 그 내용이 아무것도 아니어도 좋다. 초등학생으로 치면 학교에 가져가야 할 준비물 챙기는 리스트, 학원 일정, 하다못해 그 사이에서 먹고 싶은 간식을 쓸 수도 있다.

차원이 높아져 대통령이 된다 해도 이 일정의 얼개는 크게 다르지 않다. 무엇을 챙기고, 누구를 만나고, 무엇을 결정하는 식이다. 유치원생이 생일 파티에 누구를 부를 것인지, 어디에서 할 것인지를 엄마와 메모하면서 정하듯 국회의원도 법안 발의를 위해 누구를 만나 어떤 식으로 설득할 것인가를 메모하는 것이다. 적으면 정리가 된다.

적다 보면 하루, 한 주, 한 달, 일 년의 할 일도 정리할 수 있는 힘이 생긴다. 우선순위가 보이고 반드시 잊지 말아야 할 내용도 보인다. 나는 매일 이 리스트를 만들어 왔고 그것을 매일 확인하고 있다. 학위를 따는 큰일부터 조그만 물건 하나를 사는 것까지 적어 두었다.

이룬 목표도 있고 현재 진행형도 있다. 건너뛴 것도 있고 앞당겨서 이뤄 낸 것도 있으며 생각하지도 않았던 좋은 일이 갑자기 생겨 리스트를 만든 것도 있다. 실패는 없다. 다만 미루어지고 있을 뿐이다. 지금은 실패했지만 언젠가는 이룰 수 있는 일들이다. 내가 생각하는 성공과 실패에 대한 생각이다.

습관이 사람을 만든다

시간이 지나 메모가 습관이 된 것을 정리하다 보면 더 수정할 것과 보완할 것이 한꺼번에 눈에 들어온다. 이것이 메모가 가진 힘이다. 영국의 시인 존 딜런은 이렇게 말했다.

We first make our habits, and then our habits make us.

처음에는 사람이 습관을 만들지만 나중에는 습관이 사람을 만들어 나간다고 했다. 습관은 운명을 바꾸기도 한다.

내 생각도 나와 공유해야 한다. 스쳐 지나가는 좋은 생각이 휘발되도록 두지 말고 붙잡아 앉혀야 한다. 내 생각을 내가 공유하는 것은 이상할 것이 하나 없다. 과거의 나, 현재와 미래의 내가 함께 공유하도록 하는 것이다. 이때 매개가 되는 것이 메모이다. 써 두지 않으면 내가 무엇을 원했는지, 내가 현재 왜 이런 결정으로 이렇게 행동하고 있는지 모르고 관성적으로 살게 될지도 모른다.

생각은 바로 어딘가에 담아야 한다. 생각을 담은 메모가 쌓이면 책이 되기도 한다. 리스트를 만들고 그 사이 자신만의 가치관을 넣고, 그렇게 해서 벌어진 결과에 대한 메모를 또 첨가하다 보면 책이 되는 것이다.

나는 사람들에게 "책을 읽지 말라"라고 말한다. 대신 "자신의 이야기를 써라(Write your own story)"라고 말한다. 책을 쓰는 일이 쉽지는 않지만, 누구나 책을 쓸 수 있다. 누구에게나 자신만의 라이프 스토리가 있기 때문이다. 그러나 자신의 이야기를 쓰기 위해서는 그전에 관련 서적을 많이 읽어야 한다.

100세가 넘은 일본 할머니 시인의 이야기이다. 시바타도요 할머니는 남편과 사별 후 아들의 권유로 92세에 시를 쓰기 시작했다. 자신의 장례 비용으로 모아 둔 100만 엔을 들여 2010년 99세의 나이로 생애 첫 시집을 출판했다. 시 속의 유머 감각과 긍정적인 태도가 호평을 받으며, 150만 부의 판매를 기록했다. 현재 그녀의 시집은 한국을 비롯해 대만, 네덜란드, 이탈리아, 독일에서도 번역되어 출판되었다.

시바타도요 할머니의 이야기는 초점을 잃고 방황하는 젊은이들에게 놀라운 생기를 불어넣어 주고 있다. 젊은 나이에만 대박을 치는 것

이 아니라 마음만 먹으면 100세에도 대박을 칠 수 있다는 것을 보여
주었다.

내가 책을 쓰는 이유는 지금까지 내 자신을 뒤돌아보고 미래의 언젠가 내 삶을 돌아봤을 때의 궤적을 만들기 위해서이다. 당신은 이 세상에서 가장 중요한 사람이다. 당신이 나중에 세상을 떠나면 가족 친지들에게 자신이 어떤 삶을 살았는지 알릴 수 있도록 써 보라.

한 지상파 TV프로그램 중에 〈강연 100℃〉라는 것이 있다. 일반인들이 출연하여 자신의 이야기를 나누는 프로그램이다. 그들의 이야기는 몹시 감동적이다.

하지만 그런 스토리는 이 프로그램에 출연한 사람들에게만 있지 않다. 누구에게나 멋진 사연이 있다. 이 사연들을 책으로 만들어 두라는 말이다.

나는 각종 영어 교재를 비롯해서 한미 간, 미일 간, 미중 간 문화와 행동의 차이에 대한 책 등 많은 저술 활동을 했지만 역시 책을 쓰는 일은 어렵고 힘들다. 하지만 메모가 있다면, 녹음 파일이 있다면 정리만으로도 책을 만들 수 있다.

내 생각이 한 권으로 정리된 것을 보는 뿌듯함은 결코 작은 크기의 감정이 아니다. 일단 책을 한 권 만들고 나면 머릿속에서 먼지처럼 부유하던 생각들이 한 줄기로 정리되는 것을 느낄 수 있다. 나의 이야기가 한 권의 책으로 묶이는 것이다. 나는 특히 대학 신입생들에게 책을 쓸 준비를 하라고 권한다. 지금부터 쓰기 시작해 졸업할 때즈음 한 권

으로 묶는다면 누구도 따라할 수 없는 특별한 자기소개서가 되기 때문이다. 이 책은 연애할 때에도 주효하다고 하면 학생들은 웃는다. 내가 면접관이라면 대학 시절 내내 자기에 관련된 책을 한 권 써온 사람이라면 특별 가산점을 두둑하게 주고 싶어질 것이다.

잊는 것이 많아지는 시대라고 한다. 다 같이 건망증이 심해지고 있다고도 하고 디지털 치매 증후군이라는 신조어도 들린다. 스마트폰 등의 기계에 많은 것을 맡겨 뇌의 가용 용량이 줄어드는 것 같다는 보도도 보인다. 그런데 나는 잊어버린다고 생각하지 않는다. 다채로운 사회에 살아가면서 생각할 것도, 기억할 것도 너무 많아져 집중할 기회를 잃어버린 탓이라고 생각한다. 그러므로 이 시대를 살아가는 가장 영리한 방법은 '쓸 것', '기록해서 정리할 것'이다.

Write your own story!

6

누가 아이디어를 현실로 만드는가

모두의 진화를 위한 특별한 수업

내게는 남이 하지 않은 일을 시도하려는 DNA가 있다. 새로운 시선으로 사물을 보면 머리는 늘 깨어 있게 되고 새로운 아이디어도 계속 나온다. 대학 강의도 마찬가지이다. 내가 대학에서 영어 원어 강의를 한다고 하면 '민병철=영어'가 떠올라 대부분이 영어로 영어를 가르치는 것이라 생각한다.

평생 동안 영어 교육을 해온 내가 대학에서 영어로 영어를 가르치는 일은 경쟁력이 없다. 내가 아니라도 원어 강의를 할 사람들이 주위에 수두룩하기 때문이다.

나는 프레젠테이션하는 법, 미팅하는 법, 협상하는 법 등 실제로 글로벌 기업 현장에서 필요한 내용을 강의한다. 이런 내용들은 경영학부에서 들을 수 있다. 나는 경영학부 학생들이 일반적으로 하지 않는 프로젝트를 생각해 냈다. 바로 스마트폰 애플리케이션 개발 제안서 만들기였다.

요즘은 스마트폰 시대이다. 전화로 커피를 주문하고 영화 티켓을 예매하고, 전화로 원어민으로부터 영어 회화를 배울 수도 있는 그야말로 모바일폰 시대에 접어들었다. 내 수업 학생들은 먼저 세상에 존재하지 않는 가상 회사(virtual company)를 만들고 이 회사의 제품을 스마트폰 앱으로 만드는 데 필요한 제안서를 제출하고 그 내용을 발표하게 한다. 학생들이 제출한 앱 개발 제안서를 최종 검토한 후에 담당 교수인 내가 해당 공공 기관이나 기업체와 연결시키고 평가에 합격하면 그곳에서 앱을 개발하게 하는 것이 목표이다.

이렇게 하면 학생들은 자신들이 내놓은 창의적인 아이디어를 구현할 수 있는 기회를 얻게 되고 참여 기관들은 필요한 분야에 대한 앱을 신선한 아이디어로 만들 수 있다. 학생들이 세우는 회사는 가상 회사이므로 물론 돈 들어갈 일이 없다. 또 앱이 아니라 제안서를 만들기 때문에 이 역시 돈이 들어가지는 않는다. 누가 알랴? 혹시 내가 만드는 앱 제안서가 대박이 터질 수 있지 않은가?

학생들이 제안서를 작성하는 이유는 프로젝트이기 때문이기도 하지만, 저마다 가지고 있는 나름의 특별한 아이디어를 구체화해 보기 위해서이다.

외국인 학생들의 제안서 중에는 식당에서 메뉴에 스마트폰을 가져다 대면 음식 설명이 나타나는 앱이 있었다. 외국 학생들이 한국 식당에 가서 메뉴만 보고 음식을 주문하면 본인이 기대한 것과는 전혀 다른 엉뚱한 음식이 나오는 경우가 허다하기 때문에 이런 발상이 나온 것이다. 도로면의 콘크리트 상태를 파악하여 싱크홀을 예방하는 앱에서부터 게임을 통해 치매를 예방하는 앱까지 갖가지 기발한 아이디어들이 넘쳐 난다.

이 프로젝트는 학생들이 글로벌 경쟁력을 키우는 데 아주 좋은 훈련이다. 세상에 존재하지 않는 새로운 아이디어를 내고 도전하는 이 프로젝트를 통해 학생들이 창의력과 업무 실행 능력을 동시에 갖추게 되고 또 졸업 후의 글로벌 취업 환경에서 우위에 서게 하려는 데 내 목적이 있다.

학생들과 창조 앱 제안서 작성 프로젝트를 해온 지 4년째가 되던 2013년에는 〈디지털 타임스〉의 조명식 사장에게 제안하여 '전국 대학생 창조 앱 아이디어 공모전'을 하게 되었다. 범위를 건국대학교에서 전국 대학교로 넓힌 것이다. 2014년에는 인민망 TV 측에 요청하여 중국 대학생들이 함께 참여하는 '한·중 대학생 창조 아이디어 공모전'으로 그 범위를 더욱 확대했다. 이 한·중 창조 아이디어 공모전에는 양국의 공통 관심사인 '재난·재해' 분야를 포함시켰다. '젊은이들의 신선한 아이디어로 생명을 구하자'는 주제였다. 인민망 TV 저우위보 대표에게 제안했더니 "정말 좋은 기획입니다. 한중 젊은이들이 힘이 모으면 좋은 아이디어들이 나오겠습니다"라고 대답했다.

미래를 위한 창조적 프로젝트

창조적인 앱 개발 제안서를 작성하는 것은 학생들의 당면 과제인 취업에도 큰 도움이 될 거라고 생각했다. 대학 시절에 창조 앱을 만드는 제안서를 작성해 본 학생이 몇이나 될까? 이렇게 자신만의 아이디어로 창조적인 가상 회사를 만들어 리서치하고 구상하고 아이디어 실행을 위해 연구해 발표하고 나아가 기업과 연결해 자신의 구체화된 아이디어를 현실화까지 하는 일련의 과정은 나뿐 아니라 우리 학생들에게 엄청나게 중요하다. 이 과정을 통해 나 스스로 끊임없이 창의적인 생각들을 해낼 수 있을 뿐 아니라 그 결과물로 학생들에게 구체적으로 어떤 도움을 줄 수 있는지 알 수 있기 때문이다. 이러한 일련의 궤적은 내 교육 취지에도 매우 부합하는 일이다.

나는 학생들이 이 프로젝트를 통해 그들의 생각을 진화할 때 무척 기쁘다. 평소에 잘 알고 지내는 김경탁 사장에게 내 수업 프로젝트를 설명했더니, 당장에 학생들의 아이디어를 보고 싶다고 했다. 만일 좋은 아이디어가 있으면 사업화시키고 싶다면서, 그런 아이디어를 낸 학생을 채용하고 싶다고도 했다.

그는 이어서 이렇게 말했다.

"이런 창조적인 프로젝트 경험을 갖고 있는 학생들이야말로 기업에서 원하는 최고의 인재입니다. 요즘 기업에서는 한두 가지의 자격증보다 이렇게 창의적이고 도전적인 경험을 가진 인재를 뽑으려고 합니다."

2014 한중 대학생 창조 아이디어 공모전에는 다양한 아이디어가 쏟아져 나왔다.

금연 구역이 늘어남에 따라 흡연 공간이 사라지고 있는 점에 착안한 중국의 왕성진 학생은 흡연자들이 흡연 구역을 쉽게 찾을 수 있는 앱에 대한 제안서를 냈는데 이는 비흡연자들에게도 도움이 되는 건강 앱이다.

자동 혈당 기록 앱을 제안한 최인선 학생은 당뇨병을 앓고 있는 자신의 어머니로부터 영감을 얻은 것으로, 이것은 매번 혈당을 기록하고 정기적으로 체크해야 하는 번거로움을 해결하기 위해 내놓은 아이디어였다. 이 아이디어는 미래창조과학부 장관상을 수상했다. 창의로운 아이디어를 통해 학생들 그리고 그들이 일구는 미래를 작게라도 변화시킬 수 있다면 교육자로서 할 몫을 하고 있다는 생각이 들어 흐뭇했다.

인생을 살다가 해답을 찾아야 할 때 가장 쉬운 방법 중 하나가 해답을 아는 사람에게 먼저 물어보는 것이다. 나는 모교인 노던일리노이대학교에서 박사 과정을 모두 끝낸 후 논문 주제를 정하기 위해 지도 교수인 오름(Orem) 박사와 면담을 하게 되었다. 그 자리에서 그에게 이렇게 요청했다.

"내가 학위를 받은 후 내 삶에 도움이 될 주제로 정하고 싶습니다."

내 말을 듣던 그가 내게 제시해 준 주제가 'IT를 이용한 영어 교육'이었다. 그것이 인연이 되어 IT에 관해 관심을 갖게 되었고, 학위를 할 당시에 대우와 함께 멀티미디어를 이용한 영어 교육 프로그램을 출시하기도 했다. 오름 박사의 미래를 보는 통찰력은 정확했다. ICT(Information & Communication Technology)의 발달로 전자책, 전자 교실, 아이패드를 이용한 교육이 나오고, 스마트폰으로 모든 업무를 할 수 있는 모바일 시대가 열렸다. 인터넷과 사물과, 인간을 연결시키는 초연결 사회를 가능하게 하는 IOT(Internet Of Things: 사물 인터넷) 시대의 도래를 알리고 있다.

미래 예측은 준비하는 자의 몫

내가 현재 벌이고 있는 인터넷을 통한 악플 추방 운동도 사실은 오름 박사의 제안과 궤를 같이한다. 나는 창조적인 것을 좋아한다. 창의적인 것에 큰 의미를 둔다. 나는 다른 사람이 한 것을 답습하는 것을 아주 싫어한다. 아무리 결과물이 좋다고 해도 다른 사람의 것을 따라 하면 그건 2인자이다. 2인자의 아이디어는 아무도 듣고 싶어 하지 않아 한다. 남의 것을 따라하면 말 그대로 남의 것을 연습한 것일 뿐이다. 나는 늘 새로운 것, 이 세상에 없는 것 중 우리가 모두 더 나은 삶을 살 수 있게 하는 것에 주목한다. 그것을 생각하면 기쁘다. 즐거운 마음에 에너지가 생겨난다.

사람들은 아침에 눈을 뜨면 많은 아이디어를 생각해 낸다. 나도 그렇다. 자동차 좌석에 앉으면 바로 계기판에 내 체중이 얼마인지 나오면 어떨까, 화재가 발생했을 때 5층 아파트에서 뛰어내려도 생명을 살릴 수 있는 낙하산을 개발해 집집마다 비치하는 건 어떨까 등 하루에 몇 개씩, 때로는 한 시간에도 여러 개씩 새로운 아이디어가 떠오른다. 그건 나뿐만은 아닐 것이다. 일 년에 수백 개의 아이디어가 찰나의 순간에 우리 뇌리에 들어왔다가 사라진다. 다만 그 아이디어를 실현시키는가 아닌가의 차이가 있을 뿐이다.

20년 전, 나는 아파트에 살면서 현관문을 나서기 전 내가 살고 있는 아파트 내에 엘리베이터 호출 버튼이 있다면 엘리베이터를 기다리는 시간을 줄일 수 있겠다는 생각을 했다. 요즘은 이런 시설이 되어 있는 아파트들이 있다. 나는 생각만 했고 누군가는 실행한 것이다.

아이디어를 내는 방법은 늘 깨어 있는 것이다. 이는 계속 생각을 멈추지 않아야 한다는 의미이기도 하고 사물을 새로운 시선으로 바라봐야 한다는 의미이기도 하다. 그래서 아이디어가 생겼다면 바로 움직여야 한다. 아이디어를 실행을 위한 다양하고 구체적인 준비에 먼저 힘을 들인다. 필요한 사람에게 도움을 청할 수도 있고 리서치를 할 수도 있다. 그리고 여러 가지 측면으로 궁리하고 실행 방법을 도모해야 한다. 어려움이 생기면 헤쳐 나가며 계획을 수정할 수도 있고 보완할 수도 있다. 그렇게 하나하나 매듭을 풀다 보면 원하는 지점에 도달해 있는 스스로를 발견하게 될 것이다.

보통은 아이디어를 낼 때 그 아이디어가 돈이 되는지를 먼저 계산하게 되는데 이런 생각은 창의력에 방해가 된다. 돈과 관계없이 우선 내가 아닌 사회에 도움이 되는 아이디어를 생각해 내면 어렵지 않게 창의적인 아이디어를 낼 수 있다. 다른 사람들은 돈이 되지 않는 생각은 아예 하지 않으려고 하기 때문에 바로 그 부분에서 경쟁력이 생기기 때문이다.

내가 현재 생각하고 있는 창조 앱 아이디어 중 하나는 백두산 폭발 예지 앱이다. 관련 학자들은 향후 20년 이내에 백두산이 폭발할 수 있다는 관측을 조심스럽게 내놓기도 했다. 만일 백두산이 폭발하면 부근의 중국뿐 아니라 북한과 한국까지 심각한 국제적 재난 사태가 발생할 수 있다는 것에서 출발했다. 지금까지 지질학자들이 접근하는 방법은 화산 내부의 마그마 움직임을 탐지해 화산 폭발을 예측하는 것이었다.

나는 전혀 다른 방식으로 폭발 이전에 예지하는 방법을 구상하고 있다. 일반적으로 이런 내용은 자신과는 상관없는 먼 얘기라 생각하게 된다. 재난이라는 것을 뉴스에서만 보는 남의 얘기라고 생각할 수 있으니까. 하지만 국가 재난 사태란 어느 나라에나 있을 수 있고 이렇게 재난에 대비하는 스마트폰 앱을 만들 수 있다면 수많은 생명을 구할 수 있다는 것은 그 일이 멀든 가깝든 언젠가는 우리 앞에 벌어질 일이다. 돈이 되지 않더라도 모두를 위해 이런 일을 하면 결국에는 이런 앱을 만들어 내는 사람에게 좋은 일이 생길 수밖에 없을 것이다.

미래를 창조하는 것은 예측하는 사람의 몫이다. 미래를 예측하는 것은 준비하는 자에게 할당된 결과이다. 생각만으로는 아무것도 이뤄지지 않는다. 하지만 생각조차 하지 않으면 아무것도 아니다. 아무것도 하지 않고 멍하니 시간을 보내는 것보다는 생각을 멈추지 않는 것이 훨씬 낫다. 그리고 더욱 중요한 것은 생각을 실현시키는 것이다. 막연하게 느끼겠지만 해보면 알게 된다. 하다 보면 쉽다. 누구나 할 수 있다. 학생들과 함께하는 스마트폰 앱 개발 아이디어는 그래서 늘 에너지가 넘친다.

애플은 세계적인 브랜드이다. 이들은 전략부터 달랐다. 상품을 홍보할 때도 '무엇을 파는가'가 아니라 '왜 파는가'를 설명한다.

이 생각을 하는데 돈이 드나? 엄청난 조사가 필요하나? 발상의 전환, 생각의 환기만으로도 가능하다. 그리고 혁신의 움직임으로 발걸음을 움직인 것이다. 취업을 준비하거나 진학을 앞둔 학생들이야말로 누구보다도 이 혁신과 어울리는 사람들이다. 인터뷰를 할 때에도 '왜 자신이 이 회사에 들어가야 하는가'보다는 '어떻게 자신이 이 회사를 변화시킬 수 있는가'에 관해 골몰하고 그것을 매력적으로 발표할 수 있어야 한다. 창의적인 삶이란 결과로만 보이는 것이 아니다. 과정을 통해서 더 많이 창의적인 삶을 영위할 수 있다.

자신의 미래를 스스로 창조하는가 아니면 남이 만들어 놓은 미래에 올라타 끌려가듯 앞으로 가는가는 자신의 선택이다. 누군가가 내게 물었다.

"무엇이 당신을 새로운 일에 도전하게 합니까?"

나는 이렇게 대답했다.

"생존입니다."

내가 말하고 싶었던 것은 스티브 잡스(Steve Jobs)가 "Stay hungry"라고 말하기 훨씬 전에 한국인들이 말해 왔던 헝그리 정신이다.

하면 50 하지 않으면 − 50

시간에 얽매이지 말라

성공한 사람들의 공통점은 무엇일까? 타고난 특별한 능력? 필요한 시기마다 어김없이 나타나는 조력자? 믿을 수 없는 투지와 그것을 뒷받침한 성실성? 모두 맞는 말이다. 그러나 모든 성공한 사례에서 볼 수 있는 필수불가결한 공통점은 아니다. 그들에게서 모두 볼 수 있는 공통된 사실은 '시도했다'는 것이다. 도전했고 시련에 응했으며 실패를 딛고 나아갔다는 것이다. 아이디어를 떠올리고 그것을 실행하려는 의지, 실패해도 또다시 시도하는 자에게 성공은 가까이 온다.

나는 늘 지금 하지 않으면 안 된다고 말한다. '하려고 했는데, 할 수 있었는데, 해야 했는데'를 반복하는 것은 어리석다. 해 보지도 않은 채 기회를 날려 버리고 이미 날아간 기회의 뒤꽁무니를 바라보며 한숨을 쉬는 모습은 청춘에게는 어울리지 않는다. 몸보다 마음이 다치는 경우가 훨씬 더 빈번해지는 사회로 들어서면서 자기계발서들 중에 어떻게 하면 마음을 다스릴 수 있는가에 대한 내용이 많아졌다.

빨리 가기보다는 천천히 가면서 마음을 들여다보라고도 하고, 젊은 시기여서 힘든 것이 당연하니 받아들이고 주어진 만큼의 행복을 소소하게 찾아보자고도 한다. 나 역시 동의하는 바가 없지는 않다.

질풍노도의 시기, 무언가 확실한 것이 없을 때 열심히 노력은 하나 내가 제대로 하고 있는지 알 수도 없고 실패라도 하게 되면 주위의 기대는 어쩌나 하는 걱정들만 쌓인다. 게다가 경제적인 문제, 군 입대, 취업, 진학 등 현실적으로 놓인 여러 가지 고민 앞에서 더 힘을 내고 속도를 내 보자는 격려는 때로 공허하게 들릴 수도 있다.

하지만 그 공허함의 근본적 원인은 젊음이라는 시기에 있지 않다. 인간의 성취나 성공은 시도하고 도전하고 노력해야 창조되는 속성을 가지고 있다. 물론 개개인마다의 목표는 다를 수 있고 목표를 이루는 속도 역시 개인차가 있다. 그러므로 젊음이라는 일정 시간에 얽매일 필요는 없다.

하지만 멈춰 서서 마냥 아파하고만 있을 정도로 시간이 넉넉하지는 않다. 시도하지 않는 삶은 의미가 없다. 아무것도 배우지도 익히지도 않은 갓난아이들도 무언가 끊임없이 시도한다. 다음 단계를 위해서 매일 노력한다. 겨우 몸을 뒤집고 나서는 팔을 빼지 못해 안달하고 팔을 빼고 나서는 몸을 뒤집으려 한다. 뒤집기에 성공하고 나서 엎드려 보는 세상, 달라진 시야에 깜짝 놀란다. 그러고는 엎드린 채 있는 힘껏 고개를 들고 팔다리를 움직여 앞으로 나간다. 다음에는 앉고 일어나고 걷는다. 할 때마다 아이에게는 세계가 달라지고, 세계관이 바뀐다.

무수히 넘어지고 마음대로 되지 않아 울음을 터뜨리지만 속도의 차이가 있을 뿐 결국 누워서 초점도 맞지 않은 눈으로 천장만 보던 아이는 한 해 남짓이 지나면 제 발로 걸으며 세상과 정면으로 마주한다. 그 사이 부모와 친척들은 작은 변화에도 크게 격려하며 아이의 성취를 기뻐해 주고 실패하더라도 그 도전에 박수를 보낸다. 아이는 그 칭찬과 격려로 성장한다. 이것은 인생 전반을 주관하는 아주 단순한 진리이다.

한 발짝 걸음을 내디뎠을 때 겪었던 어려움과 전공 공부를 할 때 맞닥뜨린 난관은 동일하다. 그러나 다음 발을 움직여야 걸을 수 있다. 한 발을 딛는 게 너무 아프고 힘들었으니 더 이상 움직이지 않고 멈춰 있겠다고 하면 그 아이는 걷지 못한다. 하지만 제대로 걷게 되면 더 많이, 더 멀리 볼 수 있다. 그다음 단계로 뛸 수도 있고 방향을 바꿔 걸을 수도, 춤을 출 수도 있다.

힘들지만 공부를 마치고 또 다른 단계의 넘어서면 결국 목표에 가까워 있는 나를 발견할 수 있다. 하지만 실패할까 봐 두려워 시도하지 않으면 그것으로 끝이다. 실패의 괴로움이 너무 커서 다시는 느끼고 싶지 않아 하지 않으면 그걸로 또 끝이다. 끝이라는 단어를 쓰기에 청춘은 매우 푸르고, 젊음은 그 자체만으로 힘이 넘친다.

성공의 열쇠는 내가 만들어 내야 한다

성공할 때까지 도전해야 한다. 계속 도전을 거듭하면서 잘못된 방법은 없는지 생각해 보고 다른 열쇠로 자꾸 새로운 문을 열면서 도전해야 한다. 인생이라는 관문을 통과할 때 길이 한 갈래만 있는 것이 아니요, 문도 하나만 있는 것이 아니다. 무수히 많은 길과 그 길로 들어서게 하는 무수히 많은 문이 있다. 그 문을 여는 열쇠 역시 그 수만큼 많다. 당장 손에 쥐고 있는 열쇠로 열리지 않으면 다른 열쇠를 찾으면 된다. 그것으로도 열리지 않으면 또 다른 열쇠로 도전과 응전을 반복해도 된다. 그것이 젊음이다. 시도의 열쇠도 성공의 열쇠도 자신이 만들어 내는 것이고 나는 무수한 키를 만들어 내야 한다.

지금 하지 않으면 안 된다. 실패한다 해도 지금 마음먹은 대로, 선한 의지를 가지고 부단한 노력을 들여야 한다. 실패는 선물이다. 실패의 쓴맛이 얼마나 쓴지 나 역시 잘 알고 있다. 하지만 실패를 낙오의 이정표로 생각하는 순간 정말 실패하고 만다. 실패를 선물로 생각해서 다음에 빠지지 않을 난관을 알려 주는 안내판이라고 생각하면 실패는 내 인생의 감사한 선물이 된다.

실패는 축복이다. 실패를 통해 남이 경험하지 못한 새로운 경험을 갖게 된다. 난로에 손을 데어 본 아이는 다시는 난로 옆에 가지 않는다. 대단한 경험을 한 것이다. 실패를 결코 좌절이 아니다. 남보다 미리 해 보는 대단한 경험이다.

실패가 두려워 시도조차 하지 않는 것은 정말 어리석은 일이다. 인생은 언제나 선택의 연속이고 그 선택으로 미래가 만들어진다. 신학기 때마다 나는 학생들에게 질문한다. 인생에서 성공은 내게 몇 번 오는가? 나는 수업 때 학생들에게 이렇게 묻는다.

"During your life, how may moments to be successful will you have?"

그러면 1번이나 3번이라고 말하는 학생도 있고 8번이라고 말하는 학생도 있다. 나는 그때마다 "every moment"라고 알려 준다. 그렇다. 내게 성공의 기회는 내게 매 순간 다가온다. 지나고 보면, "아, 그때 내가 잡았어야 했어. 그게 내게 대박의 기회였던 거야"라고 후회할 수도 있는 기회가 내게 무수히 다가오고 있다. 다만 내가 그것을 깨닫지 못하고, 지나칠 뿐이다. 내가 매우 인상적으로 생각하는 말이 하나 있다. 내가 미국에 있을 때, 새벽 5시면 FM 라디오에서 나오던 DJ의 말로 여전히 그 말을 들었을 때의 기억이 선명하다.

"When someone is injured from a car accident, you don't need to worry so much about the situation because either the person will be recovered or not."

누군가 교통사고를 당했다 해도 걱정할 필요 없다. 왜냐하면 그 사람은 곧 회복되거나 걱정할 필요가 없어질 테니까.

이 말은 살거나 죽거나. 겁부터 먹고 매사를 부정적으로 보지 말고 긍정적으로 보라는 뜻이었다. 결론에 대해 미리 너무 생각하지 말라는 의미이다.

확률은 두 가지이다. 되거나 안 되거나. 그러니 되었다면 다음 선택을 위해 또 시도하면 되는 것이고 안 되었다면 또 다른 방법, 아니면 같은 전략 아래 다른 전술을 생각해서 또다시 해 보는 것이다.

나는 계속 그렇게 살고 있다. 앞서 말한 중국 인민망 TV에 내가 처음 들어갔을 때에도 그렇게 생각해서 나는 편했다. 이름으로만 아는 미지의 회사인 인민일보 인민망 한국 지사의 문을 밀고 들어가 생면부지, 일면식도 없는 지사장을 만나자고 청하는 것. 전혀 알지 못하는 언론사에 어떻게 그럴 수 있는지 놀랍다는 어느 학생의 얘기에 나는 이렇게 답했다.

"나를 만나 주지 않거나 내가 원하는 얘기를 하거나 둘 중 하나이다."

나는 문전박대를 당한다 해도 부끄러울 게 없다고 생각했다. 선플 운동이라는 좋은 일에 중국 청년들뿐 아니라 세계인이 모두 함께했으면 좋겠다는 선한 의도를 가졌기 때문에 설령 그 의지가 관철되지 않았다 해도 아쉬움은 남을지언정 부끄러울 것 없고, 분노할 일도 아니므로 거침없이 행동할 수 있었다.

끊임없는 시도가 성공의 열쇠라는 명제에 중요한 것은 착한 목표, 선한 목적이 그 주인이 되어야 한다는 점이다. 특히 그 목표가 나 자신을 위한 것이 아니라 타인을 위한 것일 경우 성공 가능성은 훨씬 더 높다. 그리고 그 일을 하는 과정에서 자신에게도 좋은 일이 반드시 일어난다.

인간은 삶은 끊임없는 도전과 결정으로 이뤄졌다고 해도 과언이 아니다. 사소하게는 아침 식사를 할 것인가 아닌가, 밥을 먹을까 국수를 먹을까, 하는 것 역시 결정이다. 좋은 선택도 있고 나쁜 선택도 있다. 착한 마음이 주인이 되어 있다면 그릇된 선택으로 실패를 한다 해도 좌절보다는 경험으로 다가올 것이다.

시도하면 적어도 50점은 얻는다. 하지만 하지 않으면 0점이다. 그런데 사실은 0점이 아니다. 내가 얻을 수 있는 최소한의 점수 50점도 잃은 것이므로 하지 않으면 -50점이다. 시도한 사람과 그렇지 않은 사람 사이에서는 100점의 차이가 생기는 것이다. 시도한 사람들은 하면 된다는 것을 알고 있다. 하면 된다!

You can do it.

인생의 디딤돌이 사람인 것만큼 걸림돌도 사람이다.

나의 정진과 성공을 저해하는 사람은 함정처럼 인생이라는 도정에 도사리고 있다.

사람 탓에 잘못된 길을 걷게 될 수 있고, 물에 빠질 수도 있다.

그런데 그럴 때마다 나를 다시 제 궤도에 올려 걷게 하는 것도 사람이다.

5장

당신을 성공하게 하는
착한 구루를 찾아라

디딤돌과 걸림돌

길 없는 곳에서 길을 찾는 방법

걷다 보면 늘 반듯하게 고른 길만 나오는 것은 아니다. 갈라진 길, 돌아갈 길, 막다른 길 등 일단은 걸음을 멈춰야 할 길들을 만나게 된다. 길이 계속 나오면 그나마 다행이다. 길이 끝나기도 하고, 절벽이 나오기도 하고, 물을 만나기도 한다. 시냇물이거나 강에 다다르면 그것을 건너지 않고서는 앞으로 나아갈 수 없다. 배나 다리가 있으면 좋다. 작은 내라면 징검다리라도 있어야 걸음을 멈추지 않을 수 있다. 디딤돌을 딛고 도약해야만 넘어갈 수 있는 장애물도 있다. 걸림돌은 크거나 작거나 앞으로 나아가는 데 어려움을 준다. 그러나 우리는 멈추

179

지 않아야 앞으로 갈 수 있다. 앞으로 나아가야 목표한 곳에 다다를 수 있고 그 목표한 곳에 서서 비로소 성취감을 누릴 수 있다.

최근에 걷기, 트레킹이 한참 유행이다. 걸음으로써 많은 것을 깨닫게 된다. 걷는 것이 인생을 살아 나가는 것과 매우 유사해 그것만으로 삶의 지혜를 얻을 수 있다. 덕일 스님의 책《길 없는 곳에서》는 이런 맥락에서 큰 울림을 준다. 스님은 길이 없는 곳에서 길을 찾고자 간절해질 때야말로 가장 명확한 희망의 메시지가 보인다고 했다.

길 없는 곳에서 앞으로 나아가야 할 때, 길이 없는 곳에서 길을 만들어 전진해야 할 때야말로 디딤돌과 걸림돌은 내 인생에 큰 영향을 미친다. 인생이란 짧지 않은 트레킹이 분명하다. 디딤돌은 앞으로 나가게 하고 걸림돌은 넘어지거나 멈추게 한다는 것 또한 닮아 있다.

요즘은 인터넷이 모든 것을 연결시킨다. 사물과 사물, 사물과 사람, 사람과 사람…. 인터넷이 연결시키지 않은 것은 없다고 해도 과언이 아니다. 인터넷이 매개가 된 연결은 관계의 개념 자체를 확장했다. 인터넷에 접속하는 순간 나는 안테나를 높이 세우고 전 지구를 향해 주파수를 쏘는 하나의 소우주가 된다. 그래서 맺는 관계 역시 인터넷 연결 전에 학습된 인간관계에서 기인한다. 그러나 그 전파가 맞아 소통하게 된 어느 곳과의 연결 역시 인간관계가 주관한다.

원하는 것이 무생물이었다고 하더라도 인간관계의 개입 없이는 아무것도 연결되지 않는다. 인터넷이라는 진화된 문명의 산물이 있기 전에도 사람의 삶을 가장 중요하게 관통하는 것은 사람이었고, 현재와 미래 역시 사람이다.

나의 성장을 위해 반드시 필요한 것

인터넷 세상에서 내가 마주하고 있는 것은 사물이지만 그 뒤에는 반드시 사람이 있다는 것을 잊어서는 안 된다. 인터넷이 중개한 연결에서도 중요한 것은 인간과 인간의 관계이다. 이 세계의 모든 일은 인간과 인간의 관계에서 일어난다. 인간과 인간관계, 그다음에 인간과 인터넷이 연결되고 또 사물과 연결시켜 지구상의 모든 것이 연결된다. 사람은 사람의 관계로 완성된다.

이런 측면에서 나의 디딤돌과 걸림돌을 찾는 일은 매우 중요하다. 나에게 직접적인 이익을 주는 사람 역시 디딤돌이다. 이익을 주는 것은 아니지만 피해를 주지 않은 사람 역시 디딤돌이다. 내게 현재 도움을 주고 있지는 않지만 내가 필요한 사람 역시 디딤돌이다.

부모, 형제, 친구, 스승. 인생의 도움은 바로 그 관계에서 나온다. 당장 취업을 도와준 아빠의 친구의 친구는 내 친구가 아니다. 아빠의 친구이다. 즉물적으로 말하자면 이것은 아빠의 도움이다. 나를 낳았기 때문에 그래서 내 성공을 빌기 때문에 당연히 하는 일이 아니다. 내 인생의 도약을 발판을 만들어 준 디딤돌이 바로 아빠인 것이다.

내 인생의 디딤돌은 단연코 사람이다. IT 세상이 진화하면 진화할 수록 사람의 가치는 작아진다. 아니, 작아진 것처럼 느낀다. 여기가 중요한 지점이다. 작아진 것처럼 느껴지는 것일 뿐 실제로 작아지는 것은 아니다. IT 세상은 원하는 것 모두를 시스템 앞에서 가능하게 만들어 준다. 원하는 것들이 검색이 되고 물건도 사고팔고 실제로 대면하지 않고 공유하고 친교할 수 있다. 이런 환경에서는 사람의 가치를 충분히 알기 어려워진다.

하지만 내가 필요한 순간에 내 도약의 발판이 되어 주는 것은 검색 창도, SNS 대화 창도 아니다. 체온이 느껴지는 내 옆의 친구, 동료, 가족이 바로 디딤돌이다. 멘토(mentor), 구루(guru), 커넥터(connector) 등 그들은 다양한 형태로 내 인생에 큰 힘이 된다. 실질적인 도움으로 내 손에 힘이 될 무언가를 쥐어 주는 것이 그들이고 내가 무언가 잘해서 보여 주고 싶은 마음이 들게 하는 것도 그들이다.

그들은 존재 자체로 나의 동기를 북돋우고 그들이 가진 경험은 그 동기를 성취하는 과정의 큰 이정표가 된다. 또 그들은 내 목표가 성취되는 결승선에서 나에게 격려와 치하를 통해 내 자긍심의 키를 키워 준다. 내 곁에 있는 '사람'은 삶을 구성하는 가장 중요한 요소이다. 내가 성공을 하는 데 반드시 있어야 할 필요충분조건이다.

인생의 디딤돌이 사람인 것만큼 걸림돌도 사람이다. 나의 정진과 성공을 저해하는 사람은 함정처럼 인생이라는 도정에 도사리고 있다. 사람 탓에 잘못된 길을 걷게 될 수 있고, 물에 빠질 수도 있다. 그런데 그럴 때마다 나를 다시 제 궤도에 올려 걷게 하는 것도 사람이다.

오히려 걸림돌은 그 누구도 아닌 나 자신일 수도 있다. 나의 생각, 나의 말, 나의 행동 등 나에게서 출발한 문제들이 내 발목을 잡아 채 넘어뜨리는 걸림돌이 되곤 한다. 나태, 불성실, 게으름 등 표현만 다를 뿐 결국 내 스스로 열심히 살지 않도록 하는 나쁜 행태는 차례로 줄을 서 있는 디딤돌을 딛고 앞으로 나갈 수 있는 나의 크나큰 걸림돌이 되어 나의 성장을 막는다. 다시 말해 나를 성공으로 이끄는 것은 다른 사람이고, 나를 실패로 이끄는 것은 나 자신이다.

내가 나를 바로 세워 깨어 움직이지 않으면 나는 앞으로 나아가지 못한다. 나를 가까이에서 도울 준비가 되어 있는 가족과 친구, 스승뿐만 아니라 멀리서 도우려는 아직 보이지 않는 미래의 커넥터들한테 연결되는 것 자체를 막는 걸림돌이 바로 나의 잘못된 행동이다. 내가 올바르면 목표는 내 것이 된다. 내가 올바르면 성취의 순간은 오고야 만다.

커넥터, 커넥터, 커넥터

나를 이끌어 준 사람들

우리 모두는 누군가의 배 속에 있었다. 누군가의 아들딸이기 이전에 우리 모두 어머니의 배 속에서 탯줄에 매달려 영양을 공급받고 피가 함께 돌아 사람이 되었다. 엄마 없이, 엄마의 자궁 없이, 엄마의 탯줄 없이 우리는 세상에 나올 수 없다. 누가 뭐래도 엄마는 나와 세상을 연결한 연결자이다. 그리고 비슷한 영유아기, 아동기, 청소년기를 지나며 자아가 생기고 각자 나아갈 바가 정해진다. 서로 다르게 정해진다. 하고 싶고, 잘하는 것이 모두 다르기 때문이다. 이때 자신이 원하는 세상으로 이끄는 연결자, 연결기가 꼭 있게 마련이다.

우리는 누군가의 도움 없이 다른 세상으로 진입하지 못한다. 그것은 누군가가 먼저 써둔 작은 메모일 수도 있고, 절대자처럼 보이는 누군가가 직접 들고 서 있는 이정표일 수도 있다. 긍정적으로 생각하면 모든 것이 내가 세상과 연결되게 하는 중요한 중개자들이다. 어떤 연결자를 만났는가는 내 인생의 항로를 완전히 바꾸는 계기가 된다. 나에게도 많은 연결자가 있었고 그들의 도움으로 오늘의 내가 만들어졌다고 생각한다.

누구나 갖게 되는 최초의 연결자인 우리 어머니와 아버지가 나를 세상과 연결시켜 주었다. 탯줄을 끊어 배 속의 호흡이 아니라 세상의 숨을 쉬게 하는 것으로 나는 세상에서 사는 방법을 배웠다. 근면하고 성실하게 생활하는 것, 약속을 중요하게 생각하고 책임감을 갖는 것이 사람의 가장 기본 노릇이라는 것도 어머니를 통해 배웠다.

그리고 나의 평생 직업이 된 영어의 세계로 이끈 연결자가 사춘기 시절에 나타났다. 호주에서 온 선교사 랄프 페렛(Ralph Ferret)이 바로 그분이다. 정확하게 말하면 그의 가족 전부가 나의 연결자이다. 토마토 소스로 만든 미트볼 스파게티를 아주 맛있게 만들었던 페렛 부인, 나와 함께 신촌 거리를 쏘다녔던 그의 아들 그레그, 모두 나를 영어의 세계로 연결해 준 연결자였다.

페렛 부인의 스파게티는 선교사 가족과 함께하는 재미를 가장 처음 느끼게 해준 음식이었다. 그 음식이 맛있어 자주 가고 싶었고 그러려면 그의 가족과 이야기를 나누지 않고는 함께할 명분이 없었다. 기를 쓰고 우리나라의 모습을 설명하려다 보니 영어가 늘었다. 그레그에게 내가 하고 싶은 말을 하게 해 녹음해 두었다가 따라하면서 그의 엄마에게 "녹음기를 틀어 놓은 줄 알았다"라는 칭찬을 받았고, 그 칭찬은 더욱 영어를 잘하고 싶은 욕심이 나게 했다. 그렇게 점점 영어 실력이 좋아져 대학 졸업반 때에는 KBS 라디오에서 영어 프로그램을 방송할 정도의 수준에 이르렀다.

내가 해야 할 일을 찾아라

TV 방송으로 나를 이끈 연결자도 있다. 미국 유학 중 어느 한국 문화 행사에서 사회를 보던 나를 눈여겨보았다가 국민 영어 선생님으로 만든 이가 바로 전 대구 MBC 신대근 사장이다. 나는 그때 눈물 없이는 들을 수 없는 이민 초기의 미국 교포들의 삶에 깊숙하게 관여하고 있었다. 일류 대학을 나온 사람이 봉제 공장에서 일하고, 약사 출신이 철공장에서 막노동을 하고, 회사의 대표였던 사람이 식품점 잡일을 하는 슬픈 광경이 모두 영어 때문이라는 사실을 알게 되었다. 그 후 나는 억울한 일을 당해도 영어로 의사소통이 안 되어 불이익을 당하는 분들을 주위에서 보고 무슨 일이 있더라고 이분들을 도와야겠다는 사명감이 불타올랐다.

다들 영어 문법과 독해에는 훤했지만 영어로 듣기, 말하기가 안 되어 그렇게 살았다는 얘기를 들으니 그들의 영어를 위해 내가 무엇이든 할 일을 찾아야 한다고 생각했다. 내가 한국에서 KBS 라디오에서 영어 방송을 했다는 것을 안 이후부터 이들은 장소가 어디든 상관없이 나를 만나면 영어로 하고 싶은 말을 빼곡하게 쓴 메모지를 꺼내어 묻곤 했다. 내가 소용이 되고, 도움이 되는 일에 나는 추진력이 대단히 강한 편이다. 나는 여기에서 강력한 힘을 얻었고 내 시간을 쪼개서라도 그분들을 돕는 데 앞장섰다.

그 후 나는 시카고 트루먼 시립대학에서 파트타임 ESL 강사로 영어를 가르치게 되었고, 한국인 초기 이민자들을 위한 영어 프로그램의 책임자가 되었다. 당시 미국인들은 대한민국이 어떤 나라인지 전혀 모르는 상태였다. 한국에서 왔다고 하면 전기가 들어오는지, 자동차는 있는지 물어볼 정도였으니까.

내 강의를 듣는 수강생들 중에는 태권도를 하는 분, 고전 무용을 하는 분 등 다양한 분야의 문화 체육인들이 있었는데, 이분들과 함께 시카고에 한국문화원이라는 민간 단체를 만들어 문화 행사를 열게 되었다.

한 번은 시카고시의 시장이 참석한 한국 문화 행사에서 내가 사회를 보게 되었다. 행사가 끝나자 미국 출장 중에 우연히 그 자리에 참석했던 MBC의 신대근 부장이 내게 "미국 사람이 사회를 보는 줄 알았습니다"라고 말했다. 그러면서 내게 명함을 건네고는 한국에 오면 연락을 달라고 했다.

그때의 인연으로 나는 MBC 라디오, 텔레비전에서 영어를 가르치게 되었고, 온 국민의 아침 알람이 된 "Good morning everyone. How are you?"로 하루를 여는 생활 영어의 얼굴이 되었다.

현실에 안주하지 말라

MBC TV에서 생활 영어를 방송한 지 10년째가 된 1991년, 문득 학업을 계속해야 한다는 생각이 들었다. 당시에 나는 신대근 부장의 제안으로 한국에 돌아오는 바람에 대학원 공부를 끝내지 못한 상태였다. 시카고에 살고 있는 누님은 내가 교수가 되길 바랐다. 집에서 학교까지 적어도 두 시간은 걸리는 거리에 있었는데 학교에 갈 때마다 나의 등하교를 도맡아 준 누나의 바람이 내게 크게 작용했다.

누나의 소망뿐 아니라 나 역시 마치지 못한 공부에 대한 갈증이 있었다. 돌이켜 보니 10년이라는 시간이 흘러 있었다. 다시 대학원 과정에 가려 하니 예전에 받은 학점들이 기간 초과로 모두 무효가 되어 있었다. 다시 대학원 입학시험(GRE)을 치른 후, 담당 교수인 오름 박사를 찾아갔다. 그는 내게 이렇게 질문했다.

"당신은 한국에서 영어 교육으로 성공한 사람인데 왜 또 공부를 하려고 하는가(You are a successful English educator in Korea. Why do you want to continue to study?)?"

나는 당황스러웠다. 그가 당연히 환영해 줄 것이라 생각했는데 전혀 예상치 못한 질문을 받았기 때문이다. 그러나 생각해 보니 나는 분명한 목적이 있었다. 그래서 이렇게 답했다.

"나는 지금까지 내가 해온 것보다 미래가 훨씬 더 중요하다. 지금까지는 내가 영어를 가르치거나 책을 쓰는 일을 해 왔지만 앞으로는 새로운 세계를 열어야 하기 때문에 당신의 학과에서 공부하고 싶다."

그렇게 다시 공부를 시작했다. 그는 첫인상이 매우 차가워 보이는 사람이었지만 시간이 갈수록 아주 따뜻했다.

오름 박사는 내가 공부를 하는 동안 한 과정이 끝나거나 중요한 시험에 통과하면 항상 나를 자신의 집으로 식사 초대를 해 칭찬과 격려를 해주었다. 1990년 초 당시 TESOL 국제대회들을 참석하면 멀티미디어를 이용한 영어 교육, 온라인 교육과 같은 미래에 도래할 영어 교육 분야에 관한 활발한 토론을 접할 수 있었다. '앞으로 도래할 미래에는 교실을 대신할 온라인 교육이 늘어갈 것이다', '교사들의 영역이 침범당해 일자리가 줄어들 것이다'와 같은 내용으로 토론이 이루어졌다. 나는 오름 박사와 각종 영어 학회에 가서 함께 주제 발표를 하였다. 나는 박사학위 과정을 마치고 논문 주제를 정할 때 그에게 물었다.

"미래의 교육에 도움이 되는 분야를 연구하고 싶습니다. 당신의 혜안이 필요합니다."

오름 박사는 논문 주제에 IT와 같은 테크놀로지를 포함시키기를 제안했고, 나는 그의 조언대로 테크놀로지를 이용한 영어 교육으로 박사학위 논문을 썼다. 오름 박사의 미래에 대한 예측은 정확했고 나는 그의 조언을 성실히 따랐다. 그는 내가 현재 만든 영어를 배우는 아이폰 전용 어플리케이션인 'Auto Speaking'뿐 아니라, 내 수업 시간에 진행하는 창조 앱 개발 프로젝트까지 진화할 수 있는 단초를 마련해 준 것이다. 그는 IT와 나를 연결한 사람이었다.

교육자로서 안타까운 마음에 시작한 선플운동이 중국에 인터넷 문화운동으로 소개된 계기는 사실 중국 인민망 TV의 도움이 컸다. 2008년과 2013년 쓰촨성 대지진 때 한국의 청소년들이 지진 피해자들을 위한 추모의 선플 달기 운동을 했고 소치올림픽 때에는 한중 선수를 위한 교차 응원도 했다. 이런 선플 활동들이 인민망 TV에 소개되었고 세월호 참사 때에는 중국 네티즌들이 한국 국민을 위해 추모의 촛불 달기 운동도 해 주었다.

내 길은 스스로 찾아야 한다

2014년 6월, 나는 인민망 TV의 초대로 인민망 TV에서 선플 강연을 하였다. 인민망 TV에서는 3개월에 걸쳐 중국 10대 선플을 선정하는 공모전을 열어 우수 선플러들을 시상하기도 했다.

선플운동이 중국에 인터넷 문화운동으로 정식 소개되는 데에는 중국 인민일보 인민망 TV의 한국 지사장인 저우위보 대표의 힘이 컸다.

몇 해 전 볼일이 있어 프레스센터를 방문했다. 그날 나는 그 건물에서 우연히 '인민일보 인민망'이라고 쓰인 간판을 보게 되었다.

그러잖아도 그동안 막연히 선플운동을 중국에 소개하고 싶다는 생각을 하고 있었는데, 인민일보의 간판을 발견하게 된 것이다. 나는 간판에 이끌리듯 들어갔다. 안내 데스크에 앉아 있는 한 여성에게 대표를 만나고 싶다고 했다. 잠시 후 미모의 한 젊은 여성이 나왔고, 그녀의 명함에는 인민일보 인터넷 뉴스 포털 사이트 인민망 TV의 한국 지사장이라고 적혀 있었다. 일면식도 없는 그녀에게 나는 내가 하고 있는 선플운동에 대해 설명했다.

약속도 없이 갑작스럽게 만났음에도 불구하고 그녀는 내 이야기를 경청했다. 그리고 며칠 지나지 않아 중국에서도 소개하고 싶은 인터넷 문화운동이라며 함께하고 싶다는 답변을 들을 수 있었다. 나중에 안 일이지만 내가 누군지 몰랐던 그녀는 나와 헤어지자마자 인터넷 검색창에 내 이름 석 자부터 검색해 봤다고 한다.

현재 저우위보 대표는 열성적으로 선플운동을 중국에 소개하고 있다. 인터넷 문화가 빠르게 성장하고 있는 중국에서도 반드시 필요한 문화운동이자 새로운 소통의 에티켓이라며 많은 부분을 주도해서 일을 만들어 가고 있다.

어느 날, 라움 아트센터의 황성식 상무로부터 전화가 걸려 왔다.

"이사장님, 이번에 네델란드 빌럼 알렉산더르(Willem Alexander) 국왕이 한국을 방문하시는데, 라움에서 국빈 리셉션을 하게 되었습니다. 지난번 이사장님이 보즈니아 대통령 내외분 오찬을 이곳에서 개최해 주셨는데, 그게 참고가 되어서 다른 호텔들과의 경쟁을 물리치고 라움에서 국빈 리셉션을 하게 되었습니다. 감사합니다."

전화를 끊고 나도 무척 흐뭇했다. 이 기분 좋은 통화 역시 커넥터에 관한 좋은 예이다. 이 일은 2013년 1월, 평소에 알고 지내던 황성식 상무로부터 걸려 온 한 통의 전화로부터 시작되었다.

"이사장님, 제가 라움 아트센터에서 총괄 상무로 근무하게 되어 인사드립니다. 잘 부탁드립니다."

나는 당시 한국을 방문 중인 보즈니아 대통령 내외분을 오찬에 초대하려고 장소를 물색 중이었다. 나는 어느 대형 호텔을 생각하고 있었는데, 실제로 라움을 방문해 보니 음악회와 예식 모임 장소로는 최고 수준의 아트센터였다. 보즈니아 대통령 내외의 한국 방문이 국빈으로서가 아니라 개인적인 것인지라 나는 아늑한 라움이 좋겠다는 생각에서 황 상무에게 전화를 걸었다.

"보즈니아 대통령 내외분 식사를 모시려고 하는데 준비해 주십시오. 국빈을 모시면 언젠가 라움에 도움이 될 것입니다."

그렇게 해서 보즈니아 대통령 오찬이 라움에서 이루어지게 되었고, 이것이 계기가 되어 라움에서 네델란드 국왕의 국빈 리셉션이 이루어지게 된 것이다. 상대방에게 좋은 인상을 남기면 좋은 일에 연결된다. 커넥터란 바로 이런 것이다.

모든 확률은 반반이다

커넥터는 내 인생의 큰 변화를 가져온 국면을 열어 준 사람들을 말한다. 앞서 말한 연결자들이 없었다면 나는 지금 어떤 일을 하고 있을까? 그런데 중요한 것은 누가 나를 연결해 주는 것이 아니라 내가 나스스로 연결시켜야 한다는 것이다. 내가 가만히 있으면 아무도 나와 연결되지 않는다. 태초에 단 한 번, 탯줄을 끊는 것으로 세상에 연결시켜 준 어머니라는 연결자 말고는 스스로 움직이지 않고는 어떤 것에도 연결되지 않는다.

나를 돌아보면 아주 쉽다. 내가 호주 선교사 집에 드나들며 그들과 소통하려 하지 않고 스파게티 몇 번만 먹고 말았다면, 영어와 연결되지 않았을 것이다. 또 내가 시카고에서 교민을 위한 문화 행사를 하지 않았더라면 신대근 부장을 만나지 못했을 것이고 MBC에서 영어 방송을 할 수 없었을 것이다.

국내에서 방송인으로 안주하고 다시 미국으로 건너가 공부를 마치지 않았다면 ICT를 활용한 교육 같은 것은 내 삶의 아젠다에 아예 없을 것이다. 또, 무수한 간판을 보듯 인민일보 인민망 TV 간판을 지나쳤다면, 문전박대가 두려워 면담을 자청하지 않았다면 하루 3억 8천만 명이 접속하는 인민망 TV에서 강연을 하는 일은 없었을 것이다.

이것의 모든 확률은 5대 5이다. 될 수도 있고 안 될 수도 있다. 그런데 안 하면 확률이 하나도 없고, 하면 확률이 50퍼센트나 생긴다. 그러니 하고 보는 것이다. 이것은 이득을 보는 장사이다. 한 푼도 투자하지 않고 50퍼센트를 갖는 것이다. 자기 인생의 갈 길을 자기가 찾아 나가야 한다. 21세기에는 자기의 길을 자기가 스스로 찾아 나가야지만 자기가 좋은 일을 찾아나갈 수 있다.

내가 나의 커넥터이다.

차이를 인정하면 사이가 좁아진다

작은 차이가 큰 개성이 된다

한국어를 잘하는 외국인들이 점차 많아지고 있다. 한국어를 유창하게 구사하는 외국인돌은 한국어가 공부하면 할수록, 알면 더 깊이 알수록 어렵다고 말한다. 한국어의 미묘한 표현들은 한국어를 모국어로 사용하고 있는 한국인들도 어려워한다. 방송에서 계속 교정해 주고 있는 표현도 적지 않다. 한동안은 '효과'의 발음이 종종 나오더니 지금은 '다르다'와 '틀리다'의 오용을 자주 지적한다.

한국 사람들은 오랫동안 '다른 것'과 '틀린 것'을 같은 의미로 사용해 왔다. 요즈음은 이 뜻의 차이를 설명할 때 영어 단어를 사용하는데

'다르다'는 'difference', '틀리다'는 'wrong'의 의미로 설명하면 그 차이를 확실하게 이해할 수 있다. '다르다'는 비교가 되는 두 대상이 같지 않을 때 사용한다. '틀리다'는 틀렸을 때 하는 말이다. 셈이나 사실 따위가 그르거나 어긋날 때 쓴다. 바라거나 하려는 일이 순조롭게 되지 못했을 때에도 사용한다. 이렇게 풀어 말하면 어려울 것 하나 없는 두 단어를 입에 올리면 자주 틀린다. 혹자는 우리 문화가 한동안 다른 것은 틀린 것이라고 생각해 왔기 때문이라는 데에서 그 답을 찾을 수 있다고 말한다.

"걔는 우리와 틀리더라", "네 생각은 (내 생각과) 틀려"라는 식의 말을 자주 하면서 다른 것은 틀린 것이라는 암묵적인 생각을 했을 수도 있다. 내 편과 네 편이 중요했던 역사적 시기가 있었던 민족이었으므로 일리가 없지는 않은 말이다.

하지만 지금 우리는 모든 것이 연결되는 초연결 사회(hyper connected society)에 살고 있으며, 융합 기반의 사물 인터넷(Internet of Things, IoT)은 인간과 인간, 인간과 사물, 사물과 사물을 연결시켜 인간의 삶을 개선시킨다. 스마트폰 등 모바일 기기의 활용으로 집, 학교, 직장, 가전, 자동차 등의 각종 사물에 인터넷이 연결된다. IT 분야 리서치 기업인 가트너는 5~6년 안에 인터넷에 연결된 기기는 250억 개 이상으로 늘어난다고 예측하고 있다.

예컨대 '스마트 버스'는 차량 입구에 내장된 센서로 탑승객 수를 자동 파악하여, 메인 컴퓨터에 전송되면 승차 가능 승객 수가 파악되고 승객들은 전용 앱을 사용하여 출퇴근 시간에 혼잡을 줄일 수 있게 된다. 또한 '스마트폰'과 연동되는 '스마트 팔찌'는 환자의 체온과 혈압 등 의료 정보가 의료진에 실시간 전송되어 환자에 대한 위기 관리 능력을 갖추게 되는, 그야말로 모든 사물이 상시 연결되는 혁명적인 생활 환경을 맞게 된다. 또한 어떤 미래학자들은 인간의 뇌에 지식 정보의 칩 장착을 구상하고 있다.

내가 남과 무엇이 다른가를 찾아라

이제 인간이 공부할 필요가 없는 세상이 올지도 모른다. 그러나 기기 의존도가 높아질수록 사람들은 자신의 의사에 따라 스마트 기기에 대한 스위치 오프(turn off the switch)로 그 연결을 간단히 끊을 수도 있다.

현재는 아주 작은 차이가 큰 개성이 되는 시대이다. 이 차이를 인정하지 않고 무시하거나 적대시해서는 살기가 어렵다. 우리 모두 다르게 생겼고 그것을 인정하고 존중하는 세상이 무르익는 중이기 때문이다.

이런 맥락은 누구에게나 무엇이든 느끼고 배워 깨우칠 수 있다는 결론을 낼 수 있다. 현재의 내게는 없는 네 살짜리의 순수함과 맑은 언어에서 큰 가르침을 얻을 수도 있고, 세상을 오래 산 할머니에게서 지혜를 얻을 수도 있다. 나와 다르기 때문에 들을 것도 볼 것도 없는 게 아니라 나와 다르기 때문에 더 많이 봐야 하고 들어야 한다. 차이를 인정하면 사이는 좁아진다. 차이를 인정하지 않기 때문에 견원지간이 되는 것이다. 또 평등의 뜻을 잘못 받아들여 모든 것에서 차이가 없는 것이 평등이라고 생각하는 것도 문제이다.

우리는 모두 다르다. 우리는 다양성의 사회에 살고 있다. 차이와 다양성을 인정하지 않고서는 한 발짝도 나아갈 수 없다. 차이에 함몰되는 것은 스스로를 일어나지 못하게 하는 결과로 낳는다. 나도 그와 똑같은 사람인데 왜 나는 그만큼 못 가졌나, 왜 나는 그만큼 누릴 수 없나, 나는 왜 그처럼 이룰 수 없나 하는 질문에서 이 사회의 다양성과 차이를 찾는 것은 어리석은 일이다. 결과가 차이가 있다는 것은 동기와 과정에서도 차이가 있었다는 것의 증거이다. 결과의 차이는 나의 노력과 성실성을 포함한 능력의 차이이다. 그 차이를 좁히는 것이 내가 발전하는 지름길이 된다.

차이를 인정하면 사이는 좁아진다. 차이를 인정해야 내가 앞서갈 수 있다. 내가 남과 다른 차이를 찾는 것으로 착한 성공에 한 발짝 더 다가갈 수 있다. 남을 인정해야 나도 인정받는다. 인터넷상의 수많은 악플은 나와 다른 것이 없는 연예인들이 이 세상의 모든 것을 소유한 것 같아 기분 나쁘다고 생각하는 '사이버불리(cyberbully: 인터넷상에서 다른 사람들을 욕하고 헐뜯는 사람, 악플러)'들의 행동이라는 것을 우리는 잘 알고 있다.

내 직업이 학생이듯 그들은 직업이 연예인일 뿐이다. 직업에 맞는 직능이 있고 그 직능에 맞는 보수가 주어지는 것이다. 그 차이를 인정하면 그 사람이 연예인이 아니라 연예인이라는 직업을 가진 나와 같은 한 사람의 사람, 나와 차이 없는 사람이 눈에 들어올 것이다.

같은 사람이라는 것이 피부에 와 닿으면 함부로 남의 인생, 타인의 미래에 대해 말할 수 없다. 응원하고 격려할 수 있을 것이다. 차이는 차이이다. 그리고 그 차이 사이의 거리감은 분명히 있다. 그러나 그 사이는 절대적일 것 없는 상대적 거리감일 뿐이다. 그것은 내가 어떻게 마음먹느냐에 따라 개미의 앞다리와 뒷다리 사이의 거리일 수도 있고 달과 해만큼의 거리일 수도 있다. 어느 쪽이 마음이 편하겠는가?

이 시대는 다양성을 인정하고 그 다양성이 가치가 되고 있다. 이 시대에 사는 젊은이로서 남과 다른 나를 깨닫는 것은 무척 중요하다.

습관이 곧 당신이다

세 살 버릇 여든까지 간다

습관은 행동을 만들고 행동은 인성을 바꾼다. 쓰레기를 주워 본 경험이 있는 어린이는 쓰레기를 버리지 않는다. 선플 달기 운동을 했던 학생은 악플을 달지 않는다. 나는 좋은 습관은 좋은 행동을, 좋은 행동은 좋은 성품을 만든다는 명쾌한 선순환을 믿는다.

우리가 무심코 하는 행동은 대부분 습관이다. '습관'이라는 2음절을 사전에서 찾아보면 가장 먼저 '여러 번 되풀이함으로써 저절로 익고 굳어진 행동'이라고 나와 있고, 그 아래에 '치우쳐서 고치기 어렵게 된 성질이라는 뜻'이라고 나와 있다.

종합해 보면 '여러 번 되풀이해서 저절로 익고 굳어진 행동이라서 고치기 어렵게 된 성질'이라고 생각해도 좋겠다. '세 살 버릇 여든까지 간다'라는 말이 구태의연하게 들릴지라도 실상 이 말의 뜻은 참으로 무섭다.

어릴 때 버릇이 늙어서까지 영향을 미친다는 의미도 그렇지만 버릇이라는 것의 생명력이 그토록 길다는 쪽으로 생각하면 하루의 어느 한순간도 습관처럼, 버릇대로 할 수 없다. 습관의 속성은 좋은 것은 지속하기 어렵고 나쁜 것은 바꾸기 어렵다는 것이다. 또 한 번 몸에 배면 잘 바뀌지 않는다는 것도 있다.

그렇다면 답은 간단하다. 좋은 습관을 힘들지만 한번 가지면 평생 편하다는 얘기도 된다. 지긋지긋하게 들리는 '세 살 버릇 여든까지 간다'에 대입해 생각해 보면 세 살 때 생긴 좋은 버릇이 여든까지 지속된다는 것인데, 이 얼마나 좋은 일인가!

큰아들이 어렸을 때 집에서 생일 모임을 가졌는데 그때 온 한 아이가 생각난다. 그 아이는 기사 아저씨와 함께 왔는데 투정을 심하게 부렸다. 무언가 마음에 들지 않는다고, 그 아저씨를 발로 수차례 차면서 욕설과 함께 심한 투정을 부리는 모습을 보고는 얼마나 놀랐는지 모른다. 이 아이는 나중에 커서 어찌 되었을까?

나는 인간만이 가진 근면, 성실이라는 덕목은 대부분은 습관이라고 생각한다. 일정 부분의 노력도 필요하겠지만 그렇게 들인 노력이 습관이 되고 나면 그다음은 일상이 된다. 근면하고 성실한 일상이 내 것이 되는 것이다. 나는 하루가 시작되면 다른 사람들과 마찬가지로 습관처럼 컴퓨터를 켜고 미리 메모해 둔 할 일 리스트를 우선순위별로 점검한다. 밀린 일들을 처리하려고 하고, 새롭게 떠오르는 생각들을 기록한다.

나를 처음 만나는 사람들은 자신들이 처음 〈민병철 생활 영어〉 방송을 들었던 때를 떠올리며 의외로 젊다고 칭찬을 한다. 또, 어떤 사람들은 내게 젊음 유지법을 물어본다. 내 대답은 간단하다.

"거울에서 자신의 얼굴을 보세요. 그리고 오늘이 내 삶의 가장 젊은 날입니다. 오늘부터 현재의 내 모습을 가꾸기 시작하면 10년 후는 주위 친구들보다 훨씬 젊어 보일 것이라는 생각으로 오늘부터 자신을 가꾸세요."

시카고에서 공부할 적에 나는 아내와 도미닉스(Dominick's)라는 슈퍼마켓을 자주 다녔다. 계산대에는 캔디, 껌 등 소소한 물건들이 소책자들과 함께 즐비하게 놓여 있었다. 주로 다이어트 하는 법, 당뇨병, 고혈압 예방 법 등이 잘 정리되어 있는 작은 책자들이었는데, 그중에는 《주름 방지법 *How to prevent getting wrinkles*》이라는 책자가 있었다. 이 책이 내 얼굴에 젊음을 가져다주는 역할을 해주었다.

아주 간단한 주름 관리법을 소개하고 있었는데 예를 들어 세수할 때 얼굴 부위에 수분을 충분히 공급하라는 것이었다. 아침에 일어나면 누구나 세수를 한다. 다만 세수할 때 얼굴에 물을 충분히 적셔 주고, 수분이 남아 있는 상태에서 스킨과 토너 등의 모이스처라이저를

넉넉히 발라 준 후, 주름 부위는 주름이 간 방향으로 가볍게 마사지를 해 주는 것이다.

여기까지는 누구나 아는 상식이다. 나는 여기에 한 가지를 추가했다. 그것은 내 마음에 수분을 주는 일이다. 내가 살아오면서 즐거웠던 일, 아내를 만난 일, 아이들이 태어났을 때의 기쁨 등 내 삶에 즐겁고 긍정적인 일들을 떠올리는 것이다. 이는 이제 내 생활 습관이 되어 버렸고, 이 습관은 나를 내 또래 친구들보다는 좀 더 젊어 보이게 한다고 생각한다. 물론 선플운동은 내 영혼에 넘치는 수분을 주는 일이다.

만약 내가 저녁이 되어 술자리를 기웃대고, 담배를 손에서 놓지 않고 운동보다는 텔레비전을 보며 쉬는 쪽의 습관을 가졌다면 그런 인사를 받지 못했을 것이다. 이건 '꼭 해야지'라고 결심하거나 일부러 시간표에 적어 두고 계획해서 실천하는 의지적인 행동이 아니다. 특별한 노력을 들이지 않고 하는 일상의 습관이자 버릇이다. 습관이 쌓여 일상이 되고 인생이 된다.

누군가는 집에 들어가자마자 씻고 난 다음에 밥을 먹거나 TV를 본다. 또 다른 누군가는 들어가자마자 씻지도 않고 가방만 던져 두고 옷을 입은 채 TV 리모컨을 쥐고 소파에 앉는다. 이건 습관이다. 어떤 것이 더 좋은가, 그렇지 않은가에 대해서는 개인차가 있겠지만 이 행동들은 다음 행동을 견인한다.

전자의 경우, 일단 귀가해 씻고 활동을 시작했으므로 1차적으로는 개운하고 할 일 하나는 던 셈이다. 그리고 벗어 둔 옷을 세탁할지 말지를 생각할 수도 있다. 상황에 따라 세탁기의 전원을 넣을 수도 있겠다. 그리고 깨끗해진 상태이니 바로 침대로 들어갈 수도 있다.

후자의 경우, 보고 있는 TV 프로그램이 재미있다면 그 상태로 수 분에서 수 시간 동안 그대로 있게 될 것이다. 그러다가 허기가 느껴지면 그 상태 그대로 식사를 할 수도 있다. 옷도 갈아입지 않고, 씻지도 않고 텔레비전에 빠져 있는 상황이라면 제대로 식탁에 앉아 식사를 하는 경우는 희박하다. 단순히 배고픔을 해소할 목적으로 대강 차려 먹고, 치우지도 않은 가능성이 높다. 그러고는 노곤해진 상태로 잠에 드는 경우도 있을 것이다.

아주 작은 습관의 차이지만 후자의 경우는 감기로 시작해 질병에 걸릴 위험에도 많이 노출되어 있고 일과 후의 저녁 시간을 통으로 날려 버렸다. 그 시간은 그에게 없던 것과 마찬가지이다.

집에 들어오자마자 하게 되는 행동 따위는 사실 우리 인생에서 그리 중요한 일이 아니다. 먼저 옷을 갈아입고 씻는 게 좋은 사람이 있을 수도 있고 여유를 만끽하며 내 마음대로 돌아다니다가 그다음에 하는 게 좋은 사람이 있을 수도 있다. 그렇지만 그것이 습관이 된다면 그게 일상이고 삶이라는 사실은 알아야 한다. 그리고 그 자체가 내 자신이라는 것도 알아야 한다.

작은 습관이 명품 인생을 만든다

나는 미국과 한국을 오가며 MBC 라디오 방송을 했다. 하루에 15분짜리 라디오 방송이었다. 나중에 한 인터뷰에서 15분에 인생을 건다는 생각을 했다고 말했지만 처음에는 나를 믿고 해준 약속을 저버리기 싫었고, 이왕이면 잘 해 내고 싶었다. 1년 6개월 동안 단 한 번도 펑크를 내거나 지각한 적이 없다. 기획, 구성, 대본 작성까지 누가 시키지 않아도 단단히 준비해서 비행기를 탔고 그것을 완벽하게 입에 맞도록 하느라 수없이 연습했다. 그것은 하나의 습관이었다. 나중에는 그렇게 하는 것이 더 편했다.

그러던 어느 날, 매일 하루 30분씩 텔레비전 영어 강좌를 맡아 달라는 제안을 받았다. 처음에는 매일, 그것도 30분씩이라는 것이 부담스러웠다. 그러나 프로듀서가 매우 간곡하게 부탁했고, 나의 도전 의지도 살살 불을 지폈다. 방송가에서 은어로 쓰이는 편성표에 '띠'로 자리 잡은 방송 시간표를 보는 것은 부담스러운 만큼 자부심도 컸다. 할수 있을 것 같았다. 한번 해 보고 싶었다. 그렇게 시작한 〈MBC 생활영어〉는 10년에 걸쳐 방송되었다. 나중에 들은 얘기지만 방송국에서는 젊은 나의 한결같음에 주저 없이 큰 편성을 감행했다고 했다. 내 습관이 그들에게는 성실함으로 보인 것이다.

따지고 보면 성실은 습관에서 비롯한다. 예전에는 '좋은 대학에 들어간 것은 중·고등학교 시절에 얼마나 성실했나를 보는 척도이다'라는 말을 하곤 했다. 지금은 성실에 더해져야 할 여러 가지 덕목이 있지만 기본적으로 성실 그 이상으로 기질을 가진 학생이 좋은 대학에 들어가는 것에는 이견이 없다. 좋은 대학이 만족스러운 인생을 만드는가에 관한 논의는 차치해 두고 말하자면 성실한 끝은 좋은 쪽을 향한다. 성실함을 착한 습관이 모인 상태라고 생각한다. 착한 습관은 듣기는 쉽고 하기는 어렵다.

일찍 자고 일찍 일어나는 것, 몸과 자연의 리듬에 맞는 착한 환경을 선사하는 것이다. 일찍 일어나는 사람의 하루는 그렇지 않은 사람보다 길다. 그렇게 조금 더 얻은 시간에 그 사람은 더 많은 것을 할 수 있다. 하다못해 자투리 낮잠이라도 잘 수 있다. 그러나 밤에 하고 싶은 딴짓은 너무 많고 아침에는 죽어도 못 일어나는 상태를 반복하다 보면 세상에서 일찍 자고 일찍 일어나는 것만큼 어려운 일도 없다.

천천히 식사하는 것, 나쁜 자세로 공부하지 않는 것, 주어진 임무에 충실하려는 것, 혹은 타인과 맺은 것이든 약속을 무조건 지키려는 것을 성실한 사람들이 갖춘 기질이다. 또 어른의 말은 선험자로서의 일리가 있음을 생각하고 무조건 반항하기보다 수긍하고 따라 보려고 하는 태도 역시 성실한 학생들이 보이는 공통점이다. 학생을 잘못되게 하는 선생의 가르침이란 없고 자식을 잘못되게 하는 부모의 가르침 역시 없다.

좋은 습관이 생기는 것, 계속해서 내 몸과 내 일상이 그것을 받아들이도록 연이어 하는 것은 쉽지 않다. 이때 중요한 도움 장치가 있다. 주변에 선언하는 것이다. 어제까지의 내가 담배를 피우는 나쁜 버릇이 가지고 있던 사람이라면 오늘부터는 금연하겠다고 주변 사람들에게 선언해 보자. 우리 아들 역시 결혼 전에는 담배를 끊지 못했으나 결혼하면 끊겠다고 약속하고 나서는 금연에 성공했다. 혼자 하기 어려운 일은 주변의 도움을 받는 것이 좋다. 일상을 공유하는 사람들이 나서서 함께 해주면 그 습관은 공고해진다.

'작은 차이가 명품을 만든다'라는 한 글로벌 기업의 캐치프레이즈가 있었다. 이것을 응용해서 말하면 작은 습관이 명품 인생을 만든다고 할 수 있다. 좋은 습관이 좋은 인생으로 이끈다. 좋은 습관은 좋은 당신이다.

글로벌 인재가 되는 법

눈을 들어 드넓은 세계를 보라

하루가 멀다 하고 나오는 뉴스 중 하나가 대한민국 교육의 문제점이다. 교육자의 한 사람으로서 이런 뉴스를 접할 때마다 가슴이 아프다. 우리 교육의 문제점이 지적되어 온 것은 하루 이틀 일이 아니다. 늘 듣는 이야기였고 그래서 평생 고민하고 있다. 주제만 바뀌었을 뿐 30년 전에도 문제였던 것이 오늘도 여전히 문제이다. 그만큼 사회가 교육에 주목하고 있다는 뜻이기도 하지만 정말 우리 교육이 문제라는 의미이기도 하다.

우리는 모두 인재가 되고 싶어 한다. 그렇게 자라나 인재의 부모가 되고 싶고 인재의 스승이 되고 싶어 한다. 인재가 되고 싶던 때와 인재의 부모가 되고 싶은 때의 인재상은 똑같다. 그렇게 되려면 속한 집단, 그 무리에서 상위권에 들어가는 것이 가장 우선이라고 말한다.

상위권 경쟁은 유치원부터 시작된다. 변별력이야말로 인재로 주목받는 데 가장 중요한 요소로 이때 시험 성적이 중요한 기준이 된다. 취학 전에 영어를 배우는 아이가 많아지자 초등학생이 되자마자 유학을 떠난다. 부모의 형편에 따라 가족이 함께 가기도 하고, 엄마나 아빠가 기러기 생활을 하기도 한다. 미국, 영국이 어려운 경우에는 필리핀 등지로도 떠난다.

아예 아이만 보내기도 한다. 경험이 많고 충심 어린 '가디언'이 있으니 걱정을 덜고 영어 사용 국가로 유학을 보내는 것이다. '아무리 잘못 된다 해도 영어 하나는 배우겠지'라는 생각으로 10세가 채 안 된 아이의 유학 생활을 시작한다.

한국에만 있는 아이들은 어떤가? 선행 학습으로 미래를 당겨 사는 12년이 시작된다. 초등학교 1학년도 저녁 9시까지 사교육을 받다 돌아온다. 초등학교 고학년이 되면 고교 수학 과정의 맛보기를 하며 입시 준비를 한다. 그렇게 해서 중·고등학교 때에는 복습을 거듭하며 본격적인 대입 준비 체제에 돌입한다. 서울 소재의 명문 대학에 들어가기 위해 새벽 1시에 잠들어 5시에 일어나는 생활을 마다하지 않는 삶을 산다.

성공적으로 원하는 대학에 들어갔다고 해도 이들의 맹렬한 학습 과정은 끝나지 않는다. 진짜 전쟁이 또 남아 있기 때문이다.

바로 취업 전쟁!

대학은 취업 준비 학교가 되었다. '스펙'이라는 미명하에 각종 공모전 준비에, 반드시 필요한지도 모르는 무분별한 해외 연수도 그중 하나이다. 취업 준비에 모든 시간을 들여 준비하고 또 준비한다. 그리고 취업을 한다. 이 정도까지 왔으면 유아기 때부터 준비했던 그 인재상에 가까워졌어야 한다. 그런데 사회도, 부모도, 본인 자신도 만족스럽다고 생각하지 않는다. 무엇이 잘못된 것일까?

먼저 생각을 바꿨어야 한다. 인터넷 등의 기반 확산은 지구를 진짜 지구촌으로 만들었다. 우리는 닿지 않는 곳이 없고 다다르지 못할 곳이 없어졌다.

대한민국만 우리 땅이 아니다. 그런데 대한민국이라는 국한된 공간 안에서만 성공하려고 한다. 좁고 작은 틀 안에서만 움직이고 사고하다 보니 기형적인 준비를 할 수밖에 없다. 하지만 세계로 눈을 돌리면 인생이 넓어진다. 삶이 풍요로워진다.

현재 대학들은 기업과 사회가 필요로 하는 인재 양성을 하지 못하고 있다. 요즘 대학들의 당면 과제이다. 대학을 졸업했지만 취업이 어렵고 취업이 되더라도 기업에서 필요한 인재가 되기 위해서는 별도의 교육이 또 필요하다. 기업에서 많은 비용과 시간을 투자해야 비로소 기업에서 원하는 인재가 된다. 취업 환경을 국내로만 국한하는 것이 문제이다. 세계 각국에 있는 기업을 선택한 후에 그곳에서 필요한 인재 양성에 교육의 초점을 맞춘다면 젊은이들의 선택의 폭이 넓어질 수 있다. 무한 경쟁 글로벌 시대에 글로벌 기업에서 찾는 분야 중 자신에게 맞는 분야를 찾아 능력을 계발하고, 집중적으로 공부하고 훈련하는 것이 학생들이 직장을 구할 수 있는 하나의 방안이 될 것이다. 다만, 영어로 소통하는 것은 기본이다.

외국에 나가지 않아도 글로벌 인재가 될 수 있다

우리는 뛰어난 민족이다. 근면하고 성실하며 두뇌가 명석하고 추진력이 있는 세계가 바라는 바로 그 인재상을 갖고 있다. 그러므로 우리는 우리가 가지고 있는 타고난 기질을 발산하기만 하면 된다. 영어만 된다면 말이다. 그렇다면 영어를 잘하기 위해서는 무조건 현지에 나가야 할까? 아니다. 영어를 배우게 하기 위해 어린 자녀를 해외로 보낼 필요가 없다. 나는 가족이 해체되면서까지 영어를 위해 해외 유학을 하는 것을 반대해 왔다.

초등학생 정도의 나이면 영어는 물론 우리말을 배우는 데에도 가장 중요한 시기이다. 이 시기는 언어뿐 아니라 인성이 완성된다. 이때 모국의 문화와 말을 함께 습득하는데, 이 시기에 해외로 영어 연수를 갔다가는 자칫 모국어도 제대로 배우지 못할 가능성이 크다. 모국어와 함께 모국의 문화 역시 희미해진다.

게다가 현재 우리는 예전과 달리 해외에 가지 않고도 영어를 배울 수 있는 시대에 살고 있다. 인터넷으로 영어를 배울 수 있고 주위에 영어 원어민 교사가 얼마든지 있다. 그야말로 학부모가 정확한 교육 정보만 제대로 찾는다면 한국에서도 충분히 영어를 배울 수 있다.

최근에 아내가 친구를 만나서 나누었던 얘기이다. 친구가 20세 때 딸을 미국에 보내 13년 동안 떨어져 살다가 결혼해서 한국에 들어왔는데, 엄마와 대화할 때마다 충돌이 생긴다면서 더 이상 자신이 키웠던 딸이 아니라며 하소연을 했다고 한다. 20세 때 외국에 보내도 그 정도인데, 언어와 인성의 형성기인 10대 초반에 자녀를 외국에 보내면 결과가 어떨지 가히 짐작이 간다.

부모가 조금만 신경을 쓰면 자녀에게 영어를 효과적으로 가르칠 수 있다. 항상 영어를 접할 수 있는 환경을 만들어 주면 된다. 영어 동화, 영화 등을 계속 접하게 해 주고 놀이로 생각할 수 있도록 노출시켜 준다.

해외 연수 없이 국내에서 가르친 영어만으로 중1 때 본 첫 토익 시험에서 950점 이상을 받았을 뿐 아니라 말하기 대회 등에서도 입상하는 등의 성과를 낸 아이들이 있다. 그 아이들이 한 것은 영어로 된 동화책을 읽고, 어린이 눈높이에 맞는 동화 영화를 본 것이 전부였다고 한다.

어린아이들은 대개 3세 정도만 되면 말을 하기 시작하는데, 이때가 한 개 이상의 언어를 동시에 배울 수 있는 가장 좋은 나이라고 한다. 나는 개인적으로 5~6세 정도부터 하는 것이 적당하다고 생각한다. 너무 어린 나이에 영어를 배우면 두뇌에 혼란이 생길 수 있다는 의견도 있으나 이는 기우이다. 정상적인 가정생활과 우리말을 하는 언어 습득 환경에서 외국어를 자연스럽게 익힌다면 별 무리가 없다. 다만, 부모가 세 살짜리 어린아이에게 영어만 하도록 강요하고, 한국어를 하지 못하게 하여 아이에게 스트레스를 주는 강제 영어 학습 환경을 만들 때에는 문제가 심각해질 수 있다. 하지만 외국어 교육은 조기에 시키는 것이 매우 중요하다.

미국에 이민 간 사람들의 경우, 어른들은 10년이 지나도 영어를 제대로 구사하지 못하는 경우가 많지만, 어린아이들은 불과 6개월에서 1년만 지나면 완벽한 발음으로 영어를 듣고 말하게 된다. 예를 들어 지방의 어린이가 6세에 서울에 오면 곧 서울 말씨를 쓰게 되지만 언어 습득으로는 환갑 나이인 12, 13세가 넘으면 평생 사투리를 고치지 못하는 경우가 바로 이런 사실을 입증해 준다.

더 중요한 것은 학교에서의 교육이다. 나는 기회가 있을 때마다 시험을 보기 위해 가르치는 문법 독해 중심의 교육에서 하루빨리 벗어나야 아이들은 물론이고 전 국민의 영어 실력이 나아질 것이라고 말한다. 우리나라 사람들이 영어를 잘하게 하기 위해서 영어는 초등학교 1학년부터 듣기 말하기 위주의 수업을 해야 하고, 무엇보다도 입시 제도를 문법과 독해 중심에서 생활 영어 중심으로 바꿔야 한다. 또한 졸업을 하게 되면 직장에 들어가게 되는데 입사 시험도 토익·토플과 같은 점수 위주보다는 실전 영어 중심으로 시험을 내야 이런 문제들을 해결할 수 있다.

영어를 잘 읽고 쓸 수 있다 하더라도 자신의 견해를 말하지 못하면 아무 소용이 없다. 토익 점수가 950점인 회사원이 외국에서 전화가 오면 다른 사람에게 돌리기 급급하다는 얘기는 유머가 아니다. 미국 직장에서 〈타임〉을 읽는 한국인 직원에게 미국인 동료가 렌치(wrench)를 달라고 하자 런치로 알아듣고 도시락을 가져다준 일이 더 이상 우리의 현실이어서는 안 된다.

영어는 글로벌 인재가 필수적으로 갖추어야 할 능력이다. 그러나 영어만 잘한다고 해서 인재가 될 수 있는 것은 아니다.

나는 영어를 숟가락이라고 말한다. 밥을 먹게 하는 도구라는 것이다. 숟가락에 담을 밥이 없으면 숟가락질을 아무리 해 봐야 배는 계속 고프다. 그 숟가락에 담을 밥을 해야 한다. 자신만의 콘텐츠가 있어야 한다. 자기만의 무엇인가가 분명히 있어야 대화하고 소통할 수 있어야 한다. 뛰어난 독해력으로 어려운 영어 사설도 거뜬히 읽어 내는 사람들이 외국인을 만나면 유치원생끼리나 할 만한 이야기들을 계속 이어 간다는 것은 부끄러운 일이다.

자기 의견을 말할 수 있도록 자기 것을 만드는 것이 중요하다. 그렇게 되는 데에는 독서량과 토론이 주효하다. 이때 어느 정도 실력이 되면 원서를 읽고 영어 토론을 하는 것도 큰 도움이 된다. 요즘은 많이 아는 것이 힘이 아니다. 누구나 알고 싶은 정보는 손쉽게 몇 초 안에 검색해 볼 수 있다. 그렇다면 그것을 해체하고 다시 조합해 정보가 아닌 나만의 지식을 만드는 것이 진짜 능력인 세상이다.

해체·조합을 하려면 나만의 기준이 필요하고 그 기준은 풍부한 독서와 토론으로 공고해진다. 이때 모국의 문화와 다양한 해외 문화의 경험은 더 풍요로운 사고력을 갖게 해 준다. 그래서 나는 어학연수보다 문화 연수를 늘 추천한다. 말만 배워 오는 것은 무의미하다. 그리고 말만 배우러 가려고 부모와 떨어진다거나 모국의 언어와 문화에게서 멀어지는 것도 큰 피해이다. 차라리 방학 때 혹은 다 자라서 혼자 체득할 수 있는 시기에 새로운 문화에 자극을 받는 것이 훨씬 좋다.

진정한 글로벌 인재가 필요한 세상이다. 그리고 우리는 글로벌 인재가 되어야 원하는 이상을 실현하는 데 조금 더 가까워졌다. 진정한 글로벌 인재는 대학 교육까지 16년 공들여 죽도록 공부해 겨우 취업의 문턱을 넘긴 것으로는 불가능하다. 지금처럼 점수와 스펙에 연연해 단기적으로 소모되는 기업 맞춤형 노동자되는 것으로는 절대 요원한 일이다.

자신이, 부모가, 사회가, 국가가, 세계가 원하는 인재상에 대한 그림을 다시 그려 볼 필요가 있다.

세계를 만나 영어를 도구로 써라

《영어의 주인이 되라》는 영어 교재가 아닌 자기계발서이다. 실용 영어와 관련한 책을 많이 내 봤지만 실질적 학습서가 아닌 자기계발서를 낸 것은 이 책이 처음이었다. 대학이나 강연 등에서 만난 학생이나 사회 초년생 중 많은 이들이 영어 때문에 골머리를 앓고 있다. 매일 공부하지만 여전히 안 되는 영어가 그들의 발목을 잡고 있는 것이다.

30여 년간 실용 영어를 가르쳐 오고 교재를 쓰는 저자로서 영어에 관한 메모가 상당히 많이 쌓여 있었다. 영어라는 도구를 활용해서 어떻게 더 나은 자신을 만들지 그들에게 네비게이터가 되어서 알려 주고 싶었다.

이 방법을 간단하게 요약하자면 '문법 위주의 영어 학습 습관에서 벗어나 자신만의 콘텐츠로 승부할 것'이다. 이것이 핵심이다. 상대와 대화할 때 귀에 쏙 들어오는 말이 있고, 그렇지 않는 말이 있다. 인간은 자기중심적이다. 자신과 관계되는 정보는 쉽게 기억하지만 그렇지 않은 건 잊어버린다. 영어 공부도 마찬가지이다. 영어 역시 자신과 관련한 이야기를 할 때 두 눈이 빛나고 뇌가 열린다. 영어를 배우는 사람들은 우선적으로 자기 일상을 영어에 집중할 수 있도록 만드는 것이 훨씬 더 효과적이다.

간단한 원리이다. 시간 낭비하지 말고 자기가 가진 걸 얘기하라는 것이다. 예를 들어 식당 종업원은 여러 명이 한꺼번에 주문한 메뉴를 굳이 적지 않아도 쉽게 기억한다. 그것이 생계와 직결된 중요한 문제이기 때문이다.

어른들은 보고 읽으라고 해도 쉽지 않은 공룡 이름들을 공룡에 빠진 일곱 살 꼬마는 줄줄 외운다. 자신에게 필요한 정보에는 귀가 트이고 입이 열린다. 자기만의 콘텐츠는 어려운 것이 아니다.

영어를 도구로 쓰려면 영어를 상전으로 모시지 말고 영어의 주인이 되어야 한다. 그러기 위해서는 욕심을 버려야 한다. 기대치를 낮춰 구체적인 목표를 정하도록 한다. 막힘없는 영어보다는 소통이 가능한 영어로 목표를 세운다. 그리고 앞서 말한 것처럼 자신만의 콘텐츠, 업무 등의 자기 영역의 내용을 반복적으로 훈련한다. 반복해서 쓰면 잊히지 않는다. 최소한의 단어, 문장의 기본량을 갖추게 되면 말문이 트이는 것은 시간문제이다. 이런 방식으로 적정량의 시간을 들이면 어느새 영어는 내 일꾼이 되어 나를 위해 일하게 된다. 내가 영어를 떠

받들어 모시고 다니면 영어가 나의 주인이 될 뿐이다.

베이징올림픽 전 한·중·일 세 나라 학생들을 북경에 모아 영어 경시대회를 열었다. 그때 한국 학생들을 데리고 갔는데 정말 깜짝 놀랐다. 바로 중국 학생들의 영어 실력 때문이었다. 경시 대회에 출전한 학생들의 실력이 출중한 것은 물론이고 북경 거리에서 만난 젊은 친구들이 영어를 무척 잘했다.

당시 참가했던 중국 학생들에게 영어에 대해 이것저것 물어보았는데 그들은 자신들에게 쉽게 만날 수 있는 원어민 교사가 없다고 했다. 그러다 보니 더 영어를 잘하기 위해 자기들끼리 만나서 어디서든 영어로 말한다고 했다. 또한 외국인이 길거리에 지나가면 남의 눈치를 볼 것도, 부끄러워할 것도 없이 다가가서 말을 거는 것이 영어를 잘하게 된 비결이라는 이야기를 듣고 그들이 왜 영어를 잘하는지 알게 되었다.

중국에서 아주 유명해진 '크레이지 영어'의 리양이라는 사람의 교습법 역시 무조건 떠드는 것이다. 염치 불구, 체면 불구하고 외국인이 보이면 무조건 영어를 하는 것이 그가 역설하는 방법이다. 그러다 보면 두려움이 사라지고, 두려움이 사라지면 부끄러움도 사라져 영어를 더욱 잘하게 된다는 것이다. 강연이나 저술 활동을 통해 나는 늘 '영어의 주인이 되라'고 해왔다. 영어의 주인이 되는 것이 왜 그렇게 중요한지 중국에서 새삼 느꼈다. 잘하고 못 하고를 떠나 소통하는 영어의 주인이 그곳에 있었다.

영어를 더 잘하게 만드는 것은 내가 왜 영어를 잘해야 하는지에 관한 생각을 잊지 않는 것이다.

더 나은 기회를 얻는 데 현재 사회에서 영어처럼 잘 맞는 다용도 열쇠는 없다. 세계와 소통하는 데 가장 기본 중 기본이 영어이다. 다시한 번 더 강조하지만, 반드시 잊지 말아야 할 사실이 하나 있다. 영어는 밥을 떠먹는 숟가락이다. 숟가락을 먹으려고 해서는 안 된다. 내가영어의 주인이 되어서 영어라는 도구를 맘대로 움직여 사용하다 보면 내가 바뀌는 것을 느끼게 될 것이다.

예의 중국인 청소년들처럼 두려움과 부끄러움이 사라진 영어는 더가까운 소통을 가능하게 한다. 뉴욕의 타임스퀘어 앞에서 마이크를들고 인터뷰를 한다고 가정해 보자. 미국인들에게 인터뷰를 요청하면 여러 명이 인터뷰에 응하겠다고 달려온다. 그런데 우리는 반대이다. 자꾸 자신을 알리고, 발표하려고 노력하면 성격부터 달라진다. 좀더 열정적으로 상대방에게 적극성을 보여야 대화할 수 있다. 영어를계속 구사하다 보면 얌전하고 피동적인 사람도 적극적이고 능동적으로 바뀌게 된다. 이것 역시 영어를 도구로 사용할 때 내가 얻게 되는긍정적인 효과이다.

7

세 사람이 다니면 그중 한 사람은 선생이다

삼인행필유아사(三人行必有我師).

세 사람이 길을 가면 그중 반드시 나의 스승이 될 만한 사람이 있다는 뜻으로, 어떤 사람에게서든 배울 점이 있음을 의미하는 공자의 말이다. 나보다 학식이 낮거나 어린 사람들은 물론, 걸인이나 게으름뱅이에게도 반면교사를 통해 가르침을 얻으라는 참으로 공자다운 명언이다. 내게 이 말은 더욱 크게 와 닿는다. 항상 가르치는 입장에서 젊은 학생들과 마주하다 보면, 내가 그들보다 높은 곳에 서 있다는 착각에 휩싸일 때가 있다. 하지만 이에 휘둘리지 않고 나는 뒤처진 이들을 끌어올려 주는 사람이라는 자의식을 갖기 위해 부단히 노력한다.

나는 수업 시간에 가능하면 학생들과 의견을 주고받는 인터렉티

브 수업(interactive class)이 되도록 이끌어 간다. 강의하고, 질문을 주고받는 사이에 자연히 교수와 학생 간에 교감이 일어난다. 강의실 맨 앞에 앉아 내가 하는 말을 하나라도 더 머리에 새겨 넣으려고 노력하는 학생부터 서툰 발음이지만 수십 번 노력한 흔적을 내비치며 열심히 프레젠테이션을 하는 학생들까지…. 그들의 열정과 배움의 자세는 늘 나를 고무시킨다. 그런 학생들의 모습이 있기에 지금처럼 새로운 영역에 도전하고 공부하는 지금의 내가 존재할 수 있다.

학생뿐 아니라 주위의 모든 사람이 내 스승이다. 대단한 성공을 거둔 사업가나 사회운동가, 악기와 한 몸이 된 듯한 멋진 연주를 보여 주는 연주가 등 하나같이 나에게 큰 영감을 주는 스승들이다. 뉴스나 책을 통해 접하는 사람들도 나에겐 스승이다. 나는 외신을 보는 시간을 매우 좋아한다. 세계가 좁아졌다고 해도 전 지구에서 일어나는 다양한 일들을 보다 보면 가슴을 울리는 내용도 있고 고개를 끄덕이게 하는 내용도 있다. 그것은 곧바로 나의 삶을 다시 보게 하는 주요한 단초가 된다. 유명인이나 뛰어난 업적을 남긴 사람들의 인터뷰나 자서전을 보고 그동안 그들이 얼마나 많은 땀을 흘렸는가에 주목한다.

배우려는 자세만 있다면, 어떠한 상황과 환경에서도 훌륭한 사람이 될 수 있다. 뉴욕 뒷골목의 쓰레기 더미에서 태어난 카디자 윌리엄스가 좋은 예이다. 쓰레기를 뒤져 주린 배를 채우고 컨테이너 박스에서 잠을 청하며 비참한 삶을 살던 그녀는 노숙자들을 보고 자신의 삶을 비관하기보다는 그들과 같은 삶을 살아선 안 되겠다는 깨달음을 얻었다. '길바닥이 세상에서 가장 넓은 공부방'이라고 말하는 그녀는 거리에 버려진 신문을 읽고 어려운 상황에서도 한 달에 5권 이상의 책을 읽었다. 노숙자처럼 보이지 않기 위해 머리는 언제나 단정하게 묶고 옷도 깨끗하게 입으려 노력했다. 배움에 대한 열망과 노력으로 그녀는 마침내 20개의 미국 명문대의 합격 통지서를 받았고 하버드 대학교의 엘리트 장학생이 되었다.

그녀에게서 무엇을 배울 수 있는가? 노숙자도 훌륭해질 수 있다는 것? 그러니 현재 나의 상황은 얼마나 행복한 것인가에 대한 반성? 그녀로부터 진정한 가르침을 얻기 위해서는 더 깊이 생각해야 한다. 어려운 상황에서도 굴하지 않고 호방했던 생각의 전환을 했다는 측면에서 그녀를 스승의 반열로 올려 생각해야 한다. 그 생각의 차이가 카디자를 노숙자가 아닌 세계 최고의 대학에서 장학금으로 자신이 원하는 공부를 할 수 있는 삶으로 바꾸게 한 것이다.

이렇게 생각하면 세상은 스승의 천지이다. 공자가 지구 위 인구 수 만큼 있다. 배울 것은 태산이고 얻을 것 또한 그만큼 있다. 같이 몰려다니며 게임만 하는 곁에 있는 친구도 장점이 많은 스승일 수 있고, 떼쓰고 고집만 부리는 막냇동생에게도 배울 점이 있다. 눈을 들어 마음을 열면 내가 달라진다. 내 생활이 달라진다. 나를 스승으로 여기는 사람에게 박한 사람은 없다. 모두가 영향을 주고받는, 모두가 스승이고 또 제자인 세상. 그 세상에 사는 사람만이 앞으로 갈 수 있다. 원하는 것을 얻을 수 있다. 지금 주변을 돌아보라. 얼마나 많은 스승이, 공자가 내 곁에 있는지 말이다.

8

아무도 만져 보지 못한 내일

한 군인이 군 복무 중에 초소에서 보초를 서고 있었다. 아침 구보를 하고 맛있게 점심 식사를 한 일상적인 날이었다. 그런데 눈 깜짝할 사이에 자동차가 초소를 덮쳤다. 정신을 차린 군인은 자신이 병원에 누워 있고, 사고로 다리를 잘라야 한다는 충격적인 말을 들어야 했다.

결국 다리를 자르고 병원에서 회복하는 10개월 동안 여자친구가 곁을 지켜 주었다. 퇴원 후 여자친구, 부모님, 집, 세상 그 무엇도 달라진 것이 없음을 깨달았다. 다리 하나만 없어졌을 뿐 자신도 크게 달라진 게 없는 것 같았다. 그는 용기를 냈고 스키 선수가 되기로 결심했다. 다리가 하나 없어도 스키 선수가 될 수 있다는 것을 보여 주고 싶었다. 그렇게 열심히 하다 보니 어느새 스키 선수가 되어 있었다.

그는 겨울에는 스키를 탔고 여름에는 수영을 했다. 지금은 수영 코치가 되어 두 다리가 있는 사람들을 가르치고 있다. 자신은 불편하지 않은데 다리가 하나 없는 신체를 완전히 드러내니 다른 사람들은 처음에 좀 불편해 하는 것 같았다. 개의치 않고 수영 강습에 열과 성의를 다했고 이제는 다리의 장애는 누구의 눈에도 보이지 않는다.

그는 2018년 평창올림픽에 나갈 준비를 하고 있다. 올림픽 무대에 서고 싶은 이유는 아들 때문이다. 아빠는 다리가 없는 장애인이 아니라 텔레비전에 나오는 스키 선수임을 보여 주고 싶은 것이다.

내일은 아무도 모른다. 오늘같이 평온한 날이 이어질지, 또 오늘같이 힘들 날이 계속될지 아무도 모른다. 아무도 만져 보지 못한 내일이라는 것은 모두에게나 공평하게 주어진다. 오늘, 지금 맡겨진 일에 최선을 다하는 것은 모두 내일을 위한 것이다.

착한 일을 하는 것도 마찬가지이다. 착한 의지를 갖고 남을 배려하는 사람의 내일은 두려움이 덜하다. 옳고 바른 결정은 불안한 미래를 보다 편안하게 느끼도록 돕는다. 전혀 예측할 수도, 인과관계를 전혀 찾을 수 없는 불행이 찾아온다고 해도 긍정적이고 착한 마음은 더 큰 불행에서 내일을 건져 준다. 오늘과 달라질 것 없는 내일이 펼쳐질 거라 생각하고 애초부터 노력하지 않는 상태를 우리는 좌절이라고 부른다. 내일은 오늘보다 더 많이, 오늘 노력한 만큼보다 더 좋은 날이 올 것이라는 믿음을 희망이라고 부른다.

두 가지 말 모두 우리가 믿고 부르는 말일 뿐 확정적인 상태는 아니다. 우리가 밝다고 믿으면 내일은 희망이고 그렇지 않다고 생각하면 좌절이다. 내가 생각하는 대로 내일은 펼쳐진다. 오늘 노력을 경주한 만큼 내일은 돌려준다. 학생들에게 미래를 예측할 수 있느냐고 물어보면 돌아오는 대답은 물론 "불가능하다"이다. 미래를 예측하는 제일 좋은 방법은 바로 내가 미래를 만들어 가는 것이다. 미래 창조는 오늘을 열심히 살아가는 데에서 비롯한다. 다만 열심히, 최선을 다하는 것만으로는 미래를 예측하기에 부족하다.

착한 목표, 선한 목적으로 위해 최선을 다해야 한다. 나는 타인을 위해 무언가 도움이 되는 일을 하는 것이 내가 성공하는 길이라고 믿는다. 나를 위해서가 아니라 남을 위해서 일할 때, 나만의 이익을 위해서가 아니라 주위의 이익을 위해 노력할 때 성공은 더욱 가까워진다.

1970년 당시 미국에서 이민 초기의 우리 교포들은 말이 통하지 않아 여러 가지 불이익을 당하고 있었다. 뉴욕에 사는 한 한국인 여성이 일을 나간 사이, 아들이 홀로 놀다가 텔레비전이 떨어져 숨진 사건이 일어났다. 아이 엄마가 경찰에게 "내가 아이를 죽였소"라고 말했고, 경찰이 그 말을 그대로 받아들여 5년 동안 감옥 생활을 한 사건이 있었다. 이는 물론 한미 간 문화적 차이에서 기인한 사건이었다.

악플 때문에 고통 받는 이들과 아픔을 함께 공감하지 못했다면 현재의 선플운동을 시작하지 않았을 것이다. 어쩌면 다른 분들에게 도움을 드리겠다고 생각하고 행동하는 순간 좋은 일은 맨 처음 나에게 찾아왔다. 착한 마음으로 최선을 다하면 내일은 나를 위한 내일이 된다. 선한 마음으로 바르게 만든 미래는 정말 내 편이다.

원하는 목표를 이뤘다고 인생을 다 이룬 것은 아니다.
한 가지 목표를 향해 평생의 공을 들였고 마침내 그것을 이뤘다고 해서
그것으로 인생이 성공으로 막을 내리는 것도 아니다.
깨어 있는 한 인생은 계속된다. 목표 또한 계속 새로워진다.
우리는 비행을 끝낼 수 없다. 착륙 신호를 받으려면 아직 멀었기 때문이다.

6장

결국, 좋은 사람이 성공한다

길게, 멀리 봐야 할 인생 레이스

시간은 과정이자 목표이다

얼마 전에 기사 하나를 읽었다. 90세가 된 할머니가 영어 공부를 시작하며 같이 공부하는 사람들에게 보낸 편지였다. 그 할머니는 60세까지 열심히 일해서 빛나는 자리에서 퇴직을 했다. 그동안 많은 일을 했다고 사람들에게 칭찬을 받았고 스스로 성공한 인생을 살았음에 뿌듯했다. 그동안 열심히 일했기 때문에 무언가를 더할 필요를 느끼지 못했기 때문에 90세까지 아무것도 하지 않았던 것이다. 할머니는 그저 나머지 삶은 인생의 덤이라고 여기고 30년을 그렇게 살아온 것이다.

그런데 90세가 되고 나니 너무나 후회스럽게 느껴졌다고 한다. 인생의 3분의 1인 30년을 아무것도 하지 않고 그저 세월이 가기만을 바라며 살고 보니 지나온 시간이 무척이나 아까웠다는 것이다. 그래서 영어 학원을 다니기로 했고 5년 뒤인 95세가 되었을 때 사람들 앞에서 영어로 연설을 하는 목표를 세웠다는 것으로 그 글은 끝을 맺고 있었다.

평소 잘 아는 미국인 교수 한 사람으로부터 이메일을 받았다. 자기에게 즐거운 일이 있다고 기분 좋은 인사를 전해 왔다. 내용은 자신의 아내가 타이핑을 배우기 시작했다는 것이었다. 아내가 타이핑을 배워 비서로 취업하려고 한다는 목표를 세웠다는 것에 무척 고무되어 있었다. 무의식중에 그분의 아내가 무척 어린 편일 것이라고 생각하고 있었는데 이메일을 읽다가 깜짝 놀랐다. 부부는 동갑내기였다. 그는 56세인 아내의 새로운 목표를 응원해 달라고 부탁하고 있었다.

나는 나이를 생각하지 않고 사는 사람이다. 그러나 90세 할머니가 95세가 되어서 영어 연설을 하고 싶어 영어 공부에 박차를 가하고 있다는 얘기나 56세의 여성이 비서 취업을 위해 타자를 배우기 시작했다는 내용에서 그 숫자에 마음이 움직였다. 그리고 한 인간의 삶에 대해 더 생각했다. 목표가 있는 사람의 미래와 그렇지 않은 사람의 미래를 생각했다. 그리고 그저 열심히 하는 것에만 목적을 두는 사람과 뚜렷한 목표를 세워 두고 그것을 향해 열심히 노력하는 사람의 성과의 차이에 대해서도 생각했다. 많은 생각이 떠오르게 한 일화들이었다.

시간은 과정이자 목표이다. 많은 사람들이 원하는 어떤 것을 이루는 데에는 노력과 시간이 필요하다.

인생의 레이스는 무척 길다. 인간의 평균 수명이 연장되었기 때문이 아니다. 기회와 도전을 생각해 보면 인생은 결코 일장춘몽이 아니라는 의미이다. 목표를 향해 달려갈 때에는 그 길이 무척이나 길게 느껴진다. 지난한 시간이 많이도 남아 있는 것 같다. 그러나 그 목표에 다가가면 힘들었던 기억은 줄어들고 성과를 얻게 되었던 그 달콤함만 크게 남는다. 그래서 결국 도달하고 난 뒤 후일담은 한바탕 잘 꾼 꿈처럼 짧고 달게 느껴진다. 물리적인 시간으로만 보자면 사람에 따라 인생은 길수도, 짧을 수도 있다. 그러나 숨이 멈추지 않는 한, 인생은 끝나지 않는다. 더 보태어 내 숨이 끊어졌다고 해서 내 인생도 끝나는 것은 아니라고 생각한다.

흔히 일가를 제대로 이루기 위해서는 본인과 자녀와 다음 세대까지 3대를 본다. 가끔은 나도 내가 하는 어떤 일이 나의 손자들은 어떻게 생각할 것인가에 관해 생각한다. 나는 할아버지에게서 영향을 받은 아버지, 그 아버지에게서 영향을 받은 아들이다. 그것은 누구나 마찬가지이다.

그것은 교훈적인 메시지를 전달했는가 아닌가의 문제는 아니다. 얼굴 한 번 본 적 없는 할아버지라 해도, 아버지 또한 자신의 아버지에게 아무런 영향을 받지 않았다고 해도 그 사실 자체가 아들에게 미치는 영향이 된다.

그런 맥락에서 나의 오늘은 손자가 생각하게 될 미래의 과거라는 생각이 든다. 그래서 내가 사는 인생 자체가 매우 중요하고 또 그 중요한 시간들이 매우 길게 지속된다는 생각도 한다. 그렇게 생각하고 나면 하루도 허투루 쓰기가 어렵다.

비행기는 계속 날아야 한다

우리 모두의 삶은 눈부신 과학 발전으로 과거와 비교할 수 없이 길어졌다. 생후 3년 안에 여러 종유의 백신을 접종 받고 질병 발생에 대비하며 우리는 생을 시작한다. 해마다 건강검진 등 병의 싹이 돋아나기도 전에 우리는 웬만하면 그 질병을 무찌른다. 건강을 지키는 각종 방법들에 대해 목소리를 가진 모든 매체에서는 하루가 멀다 하고 가장 좋은 방법을 홍보하고 있다.

이제는 노년의 삶이 유년, 청년, 중년의 시기보다 길어져 균형이 깨어졌지만 사전적으로 분류해 둔 삶의 시기와 상관없이 내 건강에 맞는, 내 상황에 맞는 삶을 늘 깨어 있는 상태로 꿋꿋이 살면 우리의 100세 삶은 생각처럼 팍팍할 것도, 쓸쓸할 것도 없다. 늘어난 삶에 대한 대비가 없는 채로 맞닥뜨린 과도기를 맞이했을 뿐, 나이가 삶을 규정하는 중요한 요소가 아니라는 것에 대해 모두 자각하게 되는 그 시기가 오면 사회는 매우 달라질 것이다.

현재도 70세 노인이 맥도널드에서 주문을 받고 있고, 아이들을 위해 옛날이야기를 해주는 자원 봉사자가 15세 소년을 돌볼 수 있다. 앞으로의 세상에서는 나이가 아니라 그 직무를 수행할 수 있는 능력이 중요하다.

그러기에 앞서 무엇보다 우리는 청년기에는 무엇을 해야 하고, 중년기에는 어느 정도 되어 있어야 하고 노년기에는 어떻게 지내고 있어야 한다는 강박에서 벗어나야 한다. 건강하다는 전제만 있다면 꼭 어느 시기에 무엇을 해야 그다음 시기에 무엇이 된다는 공식은 의미가 없어질 것이다.

청년기인 지금 내가 다른 사람과 달리 취업도 못했고, '스펙'을 많이 쌓지 못했다고 해도 결코 길을 잘못 든 상황은 아니라는 것이다. 기나긴 인생에서 영영 회복할 수 없는 때란 이제 존재하지 않는다.

얼마 전, 기사를 통해 요즘 많은 엄마가 초등학교 3학년이면 아이가 갈 대학이 정해지고 중1이면 아이의 직업까지도 확실히 보인다며 명문대 입학을 위해서는 유치원 때부터 그 준비를 하고 있다는 내용을 봤다. 앞으로 100년을 산다고 했을 때, 그러면 그 아이는 10세 무렵 확정된 인생의 항로로 90년을 살게 된다는 의미이다.

한숨이 절로 나왔다. 부모의 뜻대로 그려진 지도대로, 정해진 방향으로 걸어야 한다면 개인의 삶에서 희로애락은 과연 무엇일까 하는 생각을 했다. 인생은 정말 길다. 목표는 수시로 달성되고 또 수시로 수립될 것이다. 우리는 나이를 사는 것도, 세대를 사는 것도 아니다. 그저 나로, 나를 위해서 산다.

다시 말해, 생존은 내가 이 세상에 태어나 나라는 존재가 어떤 역할을 할 수 있다는 것, 내 자신에게 동기로 부여하는 것이다. 끊임없이 나를 변화, 진화시키는 것이 바로 이 시대의 생존법이다. 먹고살아 있음이 곧 삶이던 시대는 이미 한참 전에 지나갔다. 내가 깨어 있음을 나 스스로 확인하는 것이 생존이다. 그렇다면 내가 깨어 있다는 것은 어떤 의미인가? 내게 필요한 것을 깨닫고 그것을 스스로 얻는 것이다.

사람들은 나를 보고 피부가 좋다고 말한다. 내가 피부가 좋은 것은 내가 피부를 좋게 하기 때문이다. 피부과에 얼굴을 맡겨 관리를 받는다는 얘기가 아니다. 나는 피부에 많은 물을 준다. 샤워할 때나 간단하게 세수를 할 때에도 나는 건조해질 수 있는 피부에 물을 준다고 생각하고 많은 양의 물을 공급한다. 그리고 스킨도 듬뿍 바른다. 아내가 골라 주는 것이니 좋은 것이라 믿고 충분히 바른다.

이것은 피부에만 국한하지 않는다. 심리적으로도 필요한 것을 주지 않으면 불편하고, 지성적·이성적으로도 마찬가지이다. 마음의 수분을 주는 일을 나는 게을리 하지 않는다. 그것이 깨어 있는 것이라고 생각하기 때문이다. 마음의 수분이 필요하다고 느끼는 자체가 깨어 있는 것이고 그래서 필요한 것을 채워 넣고 있는 내 자신을 보는 것 또한 깨어 있는 것이다. 깨어 있는 행동을 하는 자체가 바로 자신에게 젊음을 주고, 인생을 보람 있고 재미있게 살게 하는 원동력이다.

중요한 것은 어떤 일이든지 자신을 연소시키는 고통 없이는 잉태가 안 된다는 것이다. 느끼지만 하지 않으면 편하다. 하지만 느꼈으니 하려면 귀찮고 불편하고 힘들다. 하지만 하면 나아갈 수 있고 하지 않으면 한 발짝도 움직이지 못한다.

한 기자가 맥도널드 사장에게 이런 질문을 했다.

"맥도널드는 이미 알려질 대로 알려진 세계적인 회사인데 왜 여전히 막대한 광고 비용을 집행합니까?"

이에 맥도널드의 사장은 당연하다는 듯 대답했다.

"비행기가 계속 날아가야 하기 때문입니다."

원하는 목표를 이뤘다고 인생을 다 이룬 것은 아니다. 한 가지 목표를 향해 평생의 공을 들였고 마침내 그것을 이뤘다고 해서 그것으로 인생이 성공으로 막을 내리는 것도 아니다. 기나긴 인생에서 만나게 되는 성취의 순간 중 하나일 뿐이다. 오늘 성공했다고 내일 삶이 끝나지 않는다. 오늘 좌절했다고 해서 내일 삶이 끝나지 않는 것과 마찬가지이다.

깨어 있는 한 인생은 계속된다. 목표 또한 계속 새로워진다. 우리는 비행을 끝낼 수 없다. 착륙 신호를 받으려면 아직 멀었기 때문이다.

옳은 방법이 빠른 방법을 이긴다

세상은 발전할수록 더 빠른 속도로 발전한다. 10년 전에는 생각하지도 못했던 속도로 생활 전반을 움직이고 있다. IT업계의 발전은 이런 세상의 변화에 풍구질을 했다.

예전에는 리포트를 쓰려면 도서관을 찾았다. 관련 기사에 대한 표제어를 검색 요청서에 적어 자료실 사서에게 전달하면 그는 한참 후에 해당호의 신문철, 논문 목록 등을 확인란에 써서 돌려준다. 그러면 그 종이를 들고 열람실에 가서 해당 자료를 찾아 메모를 하거나 복사를 해 온다. 그렇게 자료를 찾는 데에만도 며칠이 걸렸다. 그것을 따로 적고 정리해 만든 자료를 함께 붙여 원고지에 적었고, 그것을 검수에 검수를 한 뒤 타자를 쳐 정리했다. 요즘에는 검색창에 관련 단어를 몇 개만 치면 수 초 안에 알 수 있는 자료의 100분의 1도 안 되는 내용을 그때는 그렇게 얻었다.

사진은 또 어떤가. 촬영 때부터 지금처럼 화면을 통해 바로 화상을 확인하는 일은 상상할 수조차 없었다. 사진작가가 이제는 추억의 물건이 되어 버린 폴라로이드 필름을 즉석으로 확인해 그대로 찍어도 될지를 확인했다. 그대로 찍어도 된다는 판단이 서면 비로소 필름을 끼워 촬영을 한다. 촬영이 끝나면 필름을 꺼내 화상 전체가 밀착되어 있는 인화지를 보내 제일 좋은 사진 한 컷을 고른다. 그러면 그 번호를 확인해 필름에서 오려 낸 뒤 그것을 다시 현상소에 보내어 책에 실을 수 있는 상태인 필름으로 만들고 그것을 받아 스캐너에 넣어 비로소 책에 실리는 사진이 되었다.

저자 사진 하나를 쓰려고 해도 이런 과정과 시간이 필요했다. 지금은 디지털 카메라로 찍어 현장에서 바로 확인 후 바로 전송하면 끝이다. 작정하면 1분 안에도 할 수 있는 일을 그때에는 5일이나 걸려 했다. 이런 속도의 변화는 이루 나열할 수 없을 만큼 많다. 그만큼 생활은 혁신적·획기적으로 변화했다. 그러다 보니 이 시대 대한민국에서 속도는 미덕이 되었다. 광고에서도 '더 빠른, 더더 빠른, 제일 빠른'이 핵심이고 누가 더 빨리 얻나, 누가 더 빨리 많이 얻는가가 성공의 기준이 되었다.

우리는 '빨리빨리'를 좋아하는 것으로 알려져 있다. 그러나 구한말까지도 우리에게 속도는 의미 있는 기준이 아니었다. 유교적인 양반 문화에서도 '빨리'는 미덕이 아니었다. 서민들 사이에서도 '빨리 먹는 밥이 체한다'라는 등의 말로 속도를 경계했다. 그러나 치욕적인 식민 시대에서 살아남기 위해, 전쟁을 겪으며 재건이 곧 생존이던 시기를 거치며 '빠른 것이 좋은 것'이라는 인식이 생겼다. 이후, 더 빨리 발전해야 다 같이 더 잘살 수 있다는 생각이 사회 전체를 휘감았고 그것이 우리의 나아갈 바, 국민성인양 자리 잡았다.

식당에 앉자마자 혹은 주문을 하자마자 식탁 위에 음식이 올라야 안심하고 모든 관공서의 서류는 원하는 순간 손에 쥘 수 있어야 사회가 제대로 돌아간다고 생각한다. 다 빨리 눈앞에서 바로 이뤄져야 속이 시원하다.

이제는 속도가 곧 능률이고, 능률이 곧 실력이 된 상황이다. 물론 능률이라는 뜻이 사전적 의미로 '일정한 시간에 할 수 있는 일의 비율'이지만 능률이 실력일 수는 없다. 목표에 이른 것은 성과지만 그것을 빨리 이뤄 냈다고 특별히 박수를 받을 일은 아니다. 그러나 우리 사회는 목표에 이른 것보다 빨리 이룬 것에 더 많이 주목한다.

우리나라처럼 최연소에 집착하는 나라도 없을 것 같다. 최연소 합격자, 최연소 챔피언, 최연소 우승자에 조명의 조도가 올라간다. 매해 그 기록은 경신되어 최연소는 점점 내려간다. 그러다 보니 빨리 성과에 이르기 위해서는 뭐든지 선행이 중요하다.

고등학생 때 공부하는 수학을 선행학습이라는 미명 아래 초등학교 5학년 때 완전하게 학습하는 정도는 되어야 급우들 사이에 변별력이 생긴다는 얘기를 듣고 입이 다물어지지 않았다. 뭐든지 빨리 해야 이

길 수 있는 세상이 되니 우리에게는 생활의 모든 것이 전투적으로 임해야 얻을 수 있는, 그렇게 느껴지는 사회가 되고 만 것이다. 사람들은 모두 지름길을 알고자 원하고 비법이라는 제목이 달린 책에 몰두한다. 속성 학원에 몰리고 단기 완성이라는 노하우에 눈길을 돌린다.

다른 관점에서 생각해 보자면 한편으로 그것이 우리나라가 세계인의 눈에 '기적'이라고 불릴 수 있는 빠른 성장을 이룬 동력이 되었다고 생각할 수 있다. 우리는 빨리 목표를 수립하고 단기간에 이뤄 낸다. 그리고 시행착오가 있었다면 또 재빨리 수정하거나 아예 새로운 목표로 재설정을 하는 것 역시 광속으로 해 낸다. 물론 대계(大計)만이 능사가 아니고, 천천히 돌다리도 두드려 가며 행하는 것만이 최선은 아닐 것이다. 그런데 우리는 여기서 꼭 생각해 봐야 할 것이 있다. 과연 빠른 것이 옳은 것인가이다. 분명한 것은 옳은 것에 빠른 것은 포함되어 있지 않다. 빨리 갈 수 있다는 것은 어떤 것을 지나치거나 합치거나 아니면 죽을힘을 다해 그 과정을 신속하게 처리했다는 의미이다. 지나쳐도 될 과정이었다면 이미 그 과정은 빠졌을 것이고 합쳐도 될 과정이라면 그 역시 합쳐졌을 것이다.

어떤 목표에 이를 때 그것을 이루는 과정 하나하나 의미가 있다고 본다. 또 죽기 살기로 맹목적인 속도전을 위해 전투력을 다한다고 했을 때 그 과정에서 놓치는 것은 분명히 있다. 결과를 이뤄 냈다고, 목표에 다다랐다고 그게 전부가 아닌 세상이다.

우리는 이제 숨을 고를 때이다. 그렇다고 해서 젊은 동력이 멈추어

서서 아파하고 그것을 당연하게 받아들이는 시간이 되어서는 안 된다. 빨리 가는 것보다 옳은 것을 찾아야 한다. 지나치는 것보다 채우고 다지고 가는 시간이 목표를 이루는 데에는 거추장스러운 시간 낭비로 보일 수 있지만 돌아보면 그 시간은 섬광이다. 찰나에 불과하다. 차라리 빠른 방법보다는 옳은 방법이 성공을 더 가까이 불러들이고 더 단단하게 안착하게 한다.

옳은 방법은 어려운 것이 아니다. 착하게 하자고 마음먹는 것, 선한 의도로 모든 것을 생각하고 바라보는 것을 어려서부터 줄곧 받아 온 교육이다. 창의력이 능력이 되고, 진취성이 특기가 되는 이 시대일수록 그 저변에는 착한 사람이 있어야 한다.

지금 우리들은 대체로 능력이 출중하고, 평균 이상의 자질을 가졌다. 각각 한 분야에서는 자기가 잘하는 것이 있다. 능력만을 보자면 우리 모두 비슷하다는 것이다. 그렇다면 착한 사람이 조직과 사회, 인류를 위해 필요하다. 같은 능력이라면 더 좋은 영향을 미치고 모두의 성과에 플러스 요인으로 작용하는 착한 사람이 필요하다는 것이다.

옳은 마음, 선한 의도를 가진 착한 사람이 되는 것이 빨리 성과를 내는 것보다 더 중요하다. 우리 모두는 원래 착하다. 그리고 착했다. 빠른 것이 옳은 것을 잠식하도록 간과하기에는 이제 우리의 눈이 넓어졌다.

옳은 것이 이긴다.

나는 좋은 사람, 나는 꽤 괜찮은 사람

내가 먼저 나를 존중해야 한다

나는 학생들에게 창의적인 사람이 되기 위해서 가장 먼저 해야 할 것은 거울을 보고 "나는 창의적인 사람이다"라고 선언하는 것이라고 알려 준다.

내가 나를 어떻게 인지하는가는 생각보다 무척 중요하다. 남이 아닌 내가 나를 좋아하지 않고, 나 스스로를 인정하지 않는데 남에게 인정을 받기란 결코 쉽지 않다. 이 지구의 중심이 나라면 나의 중심은 자존감이다. 남이 뭉개면 아픈 게 자존심이라면 남과 상관없이 완전히 나의 평가만으로 나를 생각하는 것이 자존감이다.

자존감은 이 시대의 화두이다. 인터넷상에서도 악플을 습관적으로 다는 행위를 하는 악플러들은 공통적으로 자존감이 낮다. 자신을 존중하는 마음이 적거나 없다 보니 타인을 배려하거나 존중하는 마음이 없고, 눈에 보이지 않는 상대라는 익명성까지 더해져 타인을 향해 비수에 가까운 독설과 악담을 퍼붓게 되는 것이다. 내가 잘나지 못해 못난 사람으로 살고 있으니 다른 사람이 잘되는 것을 볼 수도 없고, 내가 갖지 못한 것을 누군가 가진 것을 보았다면 부아가 나고 화가 치민다. 다른 모든 사람이 나와 같은 상태이길 바란다. 내가 한 나쁜 말로 상대방 역시 스스로를 존경할 수 없는 상태가 되길 원하는 것이다.

또한 스스로를 존중하는 마음이 없는 사람을 지켜야 할 내가 없으므로 자신이 하는 나쁜 행동을 자제할 능력 자체가 결여되어 있다. 내 자신을 사랑하고 존중하는 사람은 자신이 익명성 뒤에 숨든 말든 한결같이 자신이 스스로에게 좋은 사람으로 인식되길 바란다.

한 방송 프로그램에서 무척 인상적인 장면을 본 적이 있다. 아이의 자존감이 주제였다. 초등학교 2학년 학생 10명에게 100분 동안 책을 읽게 했고 한 권을 읽을 때마다 칭찬 스티커를 주기로 했다. 아이들은 열정적으로 책을 읽었고 평균 25권의 책을 읽어 25개의 칭찬 스티커를 받았다. 여기서 숨어 있는 상황 하나는 책꽂이에 꽂혀 있는 책 300권 중 절반은 유치원 수준이었고 나머지는 초등학교 2학년 수준이거나 그 이상을 대상으로 한 것이었다. 대부분의 아이는 읽기 쉬운 책을 골라 칭찬 스티커의 수를 늘렸다. 자기 수준에 맞는 책을 읽어서는 스티커를 더 많이 받을 수 없다는 것을 알았던 것 같다. 그러나 아이러니하게도 아이들은 많은 스티커를 받고도 행복해하지 않았다. 그 시간을 무의미하게 보낸 것 같은 얼굴이었다.

그런데 그중 단 두 아이만이 자신이 읽고 싶었던 책을 골라 읽으며 칭찬 경주에서 탈락되어 있었다. 두 아이는 스티커를 모으는 것보다 자신이 읽고 싶은 책을 읽는 것으로 자존감을 지키고 있었다. 다른 사람의 시선이나 평가보다 자신의 평가가 중요했던 것이다. 두 아이는 주어진 시간 동안 칭찬 스티커를 많이 모으는 것에서는 실패했어도 자기 수준에 맞는, 그래서 자기의 독서 욕구가 해소되는 쪽을 선택한 것이다.

자존감은 나를 인정하고 좋아하는 감정에서 시작되는 자기 존중이다. 이 지구상에서 나를 제일 잘 알고 나를 가장 많이 좋아할 수 있는 사람은 나이다. 자존감이 높은 사람은 성취도도 높고 사회적으로 성공하는 비율도 높다. 스스로에게 떳떳하고 스스로를 존중하는 선순환의 자존감은 더 높은 기준의 목표를 갖게 하고 그것을 위해 최선의 노력을 다하게 한다. 각자의 자존감이 바로 서고 높아지는 것은 사회적으로도 무척 의미 있는 일이다. 선플운동을 통해 나는 그것을 더욱 확신할 수 있게 되었는데 학생들이 선플을 달면서 변화되는 것, 스스로가 좋은 사람이라 느껴지는 그 지점에서 카타르시스를 느끼는 것 같았다.

나를 더 좋은 곳으로 데리고 가자

선플을 다는 행동으로 누군가에게 격려와 응원, 칭찬을 선사했다는 좋은 감정은 다른 좋지 않은 행동을 하지 않게 하는 선한 기준으로 작용했다. 선플을 다는 행동은 누구에게 보이려고 하는 것이 아니라 나만 보는 나의 선행이다. 내가 좋은 사람이라는 것을 확인하는 나만의 절차이다. 하지만 분명히 사회적으로 긍정적인 영향이 있었음을 확인할 수 있다. 선플운동을 한 학교에서 학교폭력이 급감했다는 보고서가 그 증거이다.

누구나 좋은 사람이다. 누구나 꽤 괜찮은 사람이다. 누구나 장점은 있고 그 장점 하나만으로도 좋은 사람이라고 스스로는 생각해도 무방하다. 아침에 일어나 세수를 하고 매일 거울을 보고 말해 보는 것이다. "나는 좋은 사람이야", "꽤 괜찮은 사람이야", "창의적인 사람이야"라고 선언할 때와 비슷한 감정을 느끼게 될 것이다.

노트를 펴고 적어 보는 것도 하나의 방법이 될 수 있다. 그렇게 나의 장점에 관해 스스로 솔직하게 평가해 보는 것이다. 그 장점은 작고 사소한 것부터 시작한다. 자신에게 주목하고 스스로를 좋은 사람으로, 착하고 훌륭한 사람으로 느껴졌던 순간에 집중한다. 그리고 그때 감정의 변화를 느낀다. 당신이 좋은 사람이라는 확신이 들 것이다.

선플운동을 하는 것은 결코 쉬운 일은 아니다. 많은 시간과 비용이 필요하다. 그런데 내가 이 일을 점점 더 좋아하게 되었다. 무척 즐겁다. 그 즐거움의 이유는 보람이다. 선플운동으로 학교폭력이 사라지는 믿을 수 없는 놀라운 성과를 보게 된 것도 큰 보람이었지만 함께 하는 아이들의 눈빛과 태도가 달라지는 것을 보고 무엇보다 크나큰 감동을 받았다. 악플 달린 기사를 검색하고 거기에 왜 악플이 잘못되었는지를 논리를 세워 설득하는 과정을 거치면서 아이들은 비판적 사고를 갖게 되었다. 이로 인해 아이들의 논술 능력이 향상되고 결과적으로 학생들이 긍정적인 사고를 갖게 된 것은 선플운동을 시작할 때만 해도 전혀 예상치 못한 엄청난 소득이다. 그리고 이 일을 열심히 하고 있는, 끊임없이 노력하고 있는 스스로에 대한 자존감 또한 더욱 높아졌다.

사람들은 나에게 옳은 일을 한다, 훌륭하다라고 칭찬한다. 이 칭찬은 내게 이 운동을 지속할 수 있는 동력이 되어 준다. 또한 이 일을 통해 나는 즐겁고 보람을 느낀다. 그러면서 나 스스로에 대한 자긍심과 애정이 더욱 깊어진다. 자신에 대한 긍정적이고 오롯한 사랑은 나를 더욱 괜찮은 사람이 되도록 한다.

내가 좋은 사람, 괜찮은 사람이라고 하는 자기 선언은 나를 더 좋은 곳으로 데려간다. 좋은 사람인 자신이 해야 할 일, 괜찮은 사람인 자신이 해야 할 행동에 관해 유연하지만 강력한 잣대의 기준으로 자신을 돌아보게 한다.

4

건강이 바로 능력이다

사람에게는 여러 가지 능력이 있다. 그 능력은 그 생김새만큼이나 다양하다. 누구에게나 한두 가지의 능력이 있게 마련이다. 누구는 추진력이 대단하고 또 누구는 명석하며 또 누구는 타고난 손재주를 가지고 있다. 누구는 외국어를 잘 구사하고, 누구는 친화력이 뛰어나다.

이것을 현실화하고 지속 가능하게 하기 위해서는 부단한 노력이 필요하지만, 이외에도 반드시 필요한 한 가지가 있다. 바로 건강이다. 건강이 뒷받침해 주지 않으면 노력해 볼 기회조차 없다. 그래서 누군가의 장점을 말할 때 가장 높게 인정해야 하는 것은 건강의 능력, 건강을 한결같이 지키고 있는 능력일 것이다. 건강한 것과 오래 사는 것은 같아 보이지만 다른 얘기이다. 바꾸어 말해 건강해야 오래 살고 건강해야 오래 사는 것이 의미가 있다.

100세 시대라는 말이 10여 년 전만 해도 먼 미래 같았지만 의학 기술의 급속도로 발전하면서 실제로 100세 시대를 우리의 코앞까지 끌어당겨 놓았다. 많은 보험 회사가 늘어난 평균 수명 때문에 큰 구조적 변화에 관한 연구를 끝냈다는 기사들은 100세 시대가 내일이 아니라 오늘의 일이라는 것을 실감하게 한다.

수명이 늘어난다는 것은 일할 수 있는 시간도 그만큼 늘어난다는 것을 뜻한다. 일을 해야 하는 시간 역시 그만큼 연장되었다는 의미이다. 라이프 스타일 전체의 패러다임이 바뀐다. 이런 때에 가장 가치 있는 능력은 건강이다. 나이와 상관없는 젊음, 몸과 마음, 정신과 육체에 깃든 건강이 이 시대를 온전하게 살아갈 수 있는 가장 기초적이고도 최상의 요소인 것이다.

자신이 나이보다 젊다고 생각하는 집단과 나이보다 늙었다고 생각하는 집단을 비교해 봤더니, 전자의 생각을 갖고 있는 집단의 사람들이 훨씬 수명이 길다는 조사 결과가 나왔다.

성공은 건강한 자만이 이룰 수 있는 목표이다. 성공을 위해 모든 것을 바쳤지만 건강이 따라 주지 않으면 죽도록 고생만 하다 안타깝게 저무는 인생이 될 수밖에 없다. 건강하지 못한 상태로 성공을 했다고 해도 짧은 성취감만 남은 회한의 인생을 사는 수밖에 없다. '돈을 잃으면 조금 잃는 것이고, 건강을 잃으면 전부를 잃는 것이다'라는 말이 있다. 건강은 있을 때 지켜야 한다. 성공하고 나면, 이루고 나면 그때부터 관리하겠다는 다짐은 건강에 한해서만큼은 안 되는 어리석은 생각이다.

나는 잠의 질을 중요하게 생각한다. 잠은 푹 자야 한다. 잠은 하루의 에너지를 만드는 가장 중요한 요소이다. 깊은 잠을 충분히 자고 일어나야 하루가 만족스럽다. 나는 숙면을 위해서 잠들기 전에 항상 기분 좋았던 일들을 떠올린다. 작은 선물에 기뻐하는 아내의 모습, 출산을 앞둔 며느리가 '어머님, 아버님처럼 태어날 아기에게 사랑과 존경을 받을 수 있는 부모가 되도록 노력하겠습니다'라고 적어 보내 준 카드, 가족 여행 중 아이들이 내게 "아버지를 존경합니다"라고 말한 순간, 인상적이었던 여행지들을 떠올린다. 기분 좋은 장면 몇 개만 떠올려도 달게 잠에 들 수 있다. 그러면 개운한 아침을 맞이할 수 있다.

그리고 나는 짬이 날 때마다 체육관에서 근력 운동과 유산소 운동을 한다. 거르지 않으려고 노력하고, 운동하는 동안은 최선을 다한다. 때때로 하기 싫은 숙제처럼 느껴질 때도 있지만 일단 운동복으로 갈아입었다면 그 시간을 어영부영해서 놓치는 것은 어리석은 일이다. 따로 운동 시간을 낼 수 없는 사람들이라 해도 나는 얼마든지 몸을 움직일 수 있다고 생각한다. 출퇴근길에 바른 자세로 빨리 걷는 것도 운동이 될 수 있고, 저녁 식사 후에 땀이 배어날 만큼 맨손 체조를 하는 것도 좋다. 특히 몸보다 머리를 많이 쓰는 일을 하는 사람이라면 순수하게 정신노동에서 벗어나 단순하고 반복적인 육체 운동으로 머리를 쉬게 하는 것도 좋다.

나는 비타민을 챙겨 먹는다. 보약이나 다른 건강 보조제들은 먹지 않는다. 그리고 다른 것들은 가능하면 골고루 섭취하는 음식에서 얻으려고 한다. 술, 담배는 하지 않는다. 이유는 간단하다. 몸에 맞지 않기 때문이다. 그리고 물을 많이 마신다. 오늘의 몸을 만드는 것은 어제의 내가 먹은 것이라는 생각을 잊지 않는다.

세상의 온갖 매체는 촌각을 다투며 건강의 비결을 보도한다. 그만큼 사람들의 건강에 대한 욕구가 크기 때문이다. 대단한 비결이란 없다. 골고루 잘 먹고 푹 잘 자고 스트레스 없이 잘 쉬면 된다는 말을 다양한 예를 들어 설명했을 뿐이다. 사실 건강을 지킨다는 자체가 그것이면 충분하다. 우리가 모르는 대단한 비법이나 새로 찾아낸 엄청난 비밀 같은 것은 없다. 어머니의 몸에서 태어났을 때 그 깨끗한 새것의 상태였지만 좋지 않은 음식들을 그마저도 불규칙하게 먹고 밤낮을 바꿔 가며 잠도 제대로 자지 않고 술과 담배로 혹사시키며 스트레스의 한복판에 내놓으면서 나빠지는 것이다. 정확한 인과관계가 있다.

내가 내 의지대로 할 수 있는 것은 내 몸뿐이다. 가장 가깝다는 내 배우자나 자녀들도 내 몸처럼 마음대로 해서도 안 되고 할 수도 없다. 하지만 내 몸은 내가 먹은 대로, 내가 운동한 대로, 내가 쉬어 주고, 보살펴 준 대로 움직인다. 성공은 잠시 미뤄 두어도, 건강은 미뤄 두어서는 안 된다. 쇼펜하우어는 "어리석은 일 중에 가장 어리석은 일은 이익을 얻기 위해 건강을 희생하는 것이다"라고 말했다. 건강을 희생한 뒤에 얻은 이익은 이익일 수가 없다. 건강을 잃은 뒤의 성공은 자신을 포함한 그 누구도 성공이라 불러 주지 않는다.

착하면 성공한다

무슨 일이든지 가능하다

TED(www.ted.com)는 뛰어난 영감을 가진 사람들이 자신의 아이디어를 '토크(talk)'를 통해 세계인과 공유하게 함으로써 누구나 최고의 아이디어와 감동을 얻을 수 있는 무료 지식 플랫폼이다.

TED 출연자 중에 15세 소년 잭 안드라카(Jack Andraka)는 많은 이에게 큰 울림을 주었다. 잭 안드라카는 삼촌과도 같았던 집안의 아저씨를 췌장암으로 잃었다. 당시 잭의 나이는 13세였다. 누구보다 소중한 이의 암 발병 사실을 너무나도 늦게 알아 죽음에 이를 수밖에 없었던 현실에 좌절했다.

그는 왜 췌장암은 말기에만 진단되어 생존율이 낮을 수밖에 없느냐를 두고 깊은 고민에 빠지게 되었다. 그는 인터넷으로 정보를 모으며 골몰했다. 그 과정에서 췌장암의 85%가 말기에 발견되며 이렇게 발병한 환자 중 단 2% 미만이 생존한다는 것도, 고안된 지 60년 이상 된 기존의 검사 방식이 전체 췌장암의 30%는 알아차리지조차 못한다는 것도 알게 되었다.

8,000종의 단백질 중 하나의 수치가 높아야 한다는 것까지 알았을 때 이 10대 과학자는 8,000번의 실험에 도전하기로 마음먹는 것은 그리 어려운 결정이 아니었다. 그는 그것을 10대의 대책 없는 낙관이었다고 표현했다. 그가 테드 강연에서 표현한 것처럼 미치기 일보 직전인 4천 번째의 실험에 도달했을 즈음 그 단백질을 찾아냈다. 그러고 나서 역시 인터넷에서 찾아낸 정보를 토대로 생물 수업 시간에 큰 힌트를 얻었고 나노튜브라는 것을 통해 이 단백질을 조기에 발견할 수 있다는 것을 알아냈다. 췌장암으로부터 자유로울 수 있는 아이디어를 창조해 낸 것이다.

아이디어가 생기자 그는 곧 실행에 옮겼다. 췌장암에 관련된 미국 전역의 과학자 200여 명에게 이메일을 보낸 것이다. 자신의 아이디어를 설명하고 다음 단계의 연구를 할 수 있도록 도와 달라는 내용이었다. 잭은 '잭, 당신은 천재군요!', '당신 때문에 생명을 살릴 수 있게 되었어요'라는 내용의 답장이 쏟아질 것이라 예상했다. 하지만 그가 받은 것은 199개의 거절 메일이었다. 그중 단 한 명의 교수만이 관심을 보였고 그의 도움으로 7개월간의 연구를 거쳐 '췌장암 진단 키트'를 개발하게 되었다. 이 키트는 단지 3센트이며 진단하는 데 5분이면 충분하다. 기존 방식보다 168배 빠르고 2만 6천 배 저렴하며 민감도는 400배 이상이다.

그는 이 엄청난 발명으로 세계적인 유명 인사가 되었다. 한 기자가 영웅이 된 그에게 이 연구를 통해 무엇을 얻고자 했느냐고 물었다. 그는 "하루빨리 공개해서 더 많은 생명을 구하고 싶다"라고 말했다. 잭 안드라카는 현재 선진국, 후진국 가리지 않고 전 인류가 깨끗한 물을 누릴 수 있게 하는 새로운 발명품을 개발 중이라고도 했다.

그의 테드 강연은 폭발적인 인기를 모았다. 그는 강연에서 "인터넷은 뭐든지 가능하게 한다. 이론을 공유할 수도 있다. 당신의 생각을 중요하게 보이게 하도록 여러 학위를 보유한 교수가 될 필요도 없다. 인터넷은 중립적 공간이고 생김새, 나이, 성별이 상관없다. 나에게는 인터넷을 다른 시선으로 보는 것이 중요하다. 그곳에서 더욱 많은 일이 생긴다는 것이 중요하다. 당신은 세상을 바꿀 수 있다"라고 말했다.

연구를 위해 오로지 10대들의 친구인 구글과 위키피디아를 통해서 정보를 얻었다고 말한 15세 소년의 말이었다. 췌장이 어디에 있는지도 몰랐던 15세 소년이 췌장암을 조기에 발견해 100%에 가까운 생존 확률을 가진 상태에서 진단을 가능하게 한 엄청난 발견이 모두 인터넷을 기반으로 해서 이뤄졌다는 것을 그는 역설했다.

인류의 광장 인터넷을 새롭게 만나다

인터넷은 인류의 광장이 되었다. 15세의 잭은 그것을 활용해 잠재적 암환자들의 희망이 되었고 지구촌 또 다른 15세 아이들 중 일부는 그곳에서 악플을 달고 있다. 인터넷이 더 이상 검색의 엔진이거나 사념을 교환하는 소통의 장소로만 기능하지 않는다. 종이로 된 인쇄물만을 최고라 여기는 이들이나, 자신이 아는 것만 믿으며 공유는 유출이라고 생각하고 있는 많은 전통적 학자들에게 인터넷은 이제 턱밑까지 밀고 들어온 막강한 새로운 공유의 패러다임이다.

인터넷이 더 나은 목적, 더 선한 의도, 더 많은 사람의 공익을 위해 세계가 힘을 합치는 넓고 단단한 광장이 된다면 그 발전의 속도와 깊이는 이전의 것과는 비교 자체가 어려운 수준이 될 것이다. 인터넷상에서의 인성 회복 운동과 잠재적인 창의력 계발 운동을 펼치고 있는 나에게 15세 소년의 연설은 무한 동력을 주었다.

잭 안드라카의 지금까지의 행보에 더욱 주목한 것은 내가 학생들에게 수없이 짚어 주고 강조하고 예를 들던 얘기들이 그의 연구와 연설에 들어 있기 때문이었다.

늘 깨어 있을 것, 창의적인 생각을 할 것, 아이디어를 즉각적으로 실행할 것, 손을 들어 자신을 어필하고 도움을 요청할 것, 연습에 연습을 거듭할 것, 문제가 생겼을 때 해결하는 데 최선을 다할 것, 나 자신이 아닌 남을 위해 일할 것, 착한 일을 착하게 할 것.

그는 착하게 성공했고 췌장암, 난소암, 폐암의 공포로부터 인류를 구하는 중이다.

나는 인류가 아직까지 해내지 못한 일들을 불과 15년 만에 완성시킨 이 소년의 탐구력을 존경한다. 우리가 할 일은 어떻게 하면 우리가 갖고 있는 지식이나 경험을 누구나 쉽고 빠르게 터득할 수 있도록 하는 전수 방법을 찾는 것이며 이 '지식 전수의 웜홀이 바로 인터넷이다.'

중요한 점은 이 웜홀을 통하면 60년 걸린 노하우를 불과 몇 시간이면 누구에게나 전수가 가능하다는 것이다. 또한 잭 안드라카의 놀랍고도 위대한 발견은 사실 누구나 이룰 수 있는 일이라는 것이다.

나를 행동하게 만드는 핵심 동력은 내가 어떤 일에 얼마나 강력한 동기를 갖고 있는가와 그 일을 성취하기 위해 얼마나 강렬한 열정을 갖고 있는가에 달려 있다.

잭이 이용한 인터넷은 현대인 누구나 사용할 수 있는 도구이다. 구글, 위키피디아는 누구나 접속해 세상의 모든 정보를 내 것으로 만들 수 있다. 구글링을 통해 세계적인 권위자에게 직접 이메일을 보낼 수도 있고 그의 논문과 저서도 볼 수 있다. 그것을 어떻게 활용하느냐가 전혀 다른 결과를 만들어 낸다. 이 15세 소년의 업적이 빛나는 것은 그가 인간의 생명을 구하는 착한 일을 한다는 것이다.

창조가 곧 자기 발전이다

알파벳은 A로 시작해 Z로 끝났다. 인간의 인생은 B(birth)로 시작해 D(death)로 끝난다. 태어나고 죽는 것이다. 그렇다면 탄생과 사멸 사이에는 무엇이 있을까? B와 D 사이에는 C가 있다. 바로 창조(creativity)이다. 창조하는 것이 진정한 삶을 영위하는 것이다. 인간의 삶은 창조의 연속이다. 끊임없는 자기 발전을 통해 창조를 통해 자기 삶을 만들어 나가는 것이다.

창조가 곧 자기 발전이다. 창조는 어려운 것이 아니다. 창조는 아이디어를 현실화하는 것이다. 이러한 창조는 자기 발전의 원동력이 된다. 이 창조의 목적은 나보다 남, 나보다 우리를 향해 있을 때 더 큰 가치를 갖는다. 나를 위해 착한 것이 아니라 남을 위해 착한 의지를 갖는 것은 결국 나를 위한 착한 결과가 되어 나를 찾아온다.